ちくま新書

時間の言語学

——メタファーから読みとく

瀬戸賢一
Seto Kenichi

1246

はじめに

時間とは何か。

従来の時間論は、物理学や天文学の理系であろうが、哲学や心理学や社会学などの文系であろうが、時間の「流れ」や「進行」を口にしながら、その方向を当然のように過去から未来と想定した。ビッグバンを仮定して、あるいはそんなことおかまいなしに、その始まりから未来への方向を前提とした。時間の矢印は未来へ向かう。

たしかに百人に尋ねれば、ほとんどが時間の進行方向は過去から未来だと答える。しかし本当だろうか。言語的証拠をもってすれば、時間そのものは、未来から過去に進むとしか言いようがない。日本語も英語も、たいていの言語はそうだ。「もうすぐ夏休みがやって来る」と言う。「夏休み」は未来から現在にやって来て、やがて過去に去って行く。

だけど「夏休み」は、出来事ないし時間の区切りであって、時間そのものではない、と言い返されるかもしれない。ではふつうに「時間が過ぎる」と表現するとき、あるいはそう考えるとき、時間は目の前を、まるで川の流れのように進んで行く、つまり過去に向かって過ぎ去ると仮想していないだろうか。「未来」と「過去」という言い方そのものが、時間が未だ来ないところから来て、現在を通って、やがて過ぎ去ることを表す。

このような時間の方向を頭の中に描きつつ、かつ、自身はというと過去から現在を経て未来へ向かう。そう、私たちは時間軸上で未来を前方に見据えて、過去から未来へと進む。過去はときどき「振り返る」だけである。時間そのものの動き（未来から過去へ）と私たちの動き（過去から未来へ）の間に矛盾はない。空港などに備わるムービングウォーク（動く歩道）を逆向きに歩く図を想像しよう。

時間に関しては、もうひとつの概念が私たちの頭に巣くっている——〈時間はお金〉（時は金なり）。これは真実でも何でもない。最初からはっきり言っておこう。これはとりわけ近代の比喩である。もっと言えば、比喩の中のメタファー（隠喩）。しかし単なる言い回し、ことばの飾りではない。無意識に深く食い込んで、私たちの認識——思考経路——を牛耳る。いきなり何のことだと戸惑われるかもしれないが、「時間を（お金のように）使う」「時間を（お金のように）浪費する」「時間を（お金のように）大切にする」のような日常のさりげない表現を手掛かりにすると、〈時間はお金〉のメタファーに現代社会がいかにコントロールされているかがよくわかる。

このメタファーの実態を暴くのは、おそらく言語学にしかできない。当たり前だと思われる時間給でさえ、その背後には〈時間はお金〉の時間＝お金のメタファー思考が潜む。何しろいまは、「時間を買う」こともできる時代なのだから。たとえ健康寿命を生きても、つねに気ぜわしい思いを感じながらせかせかと暮らすなら、その原因は時は金なりにありそうだ。これに替わる新しい時間のメタファーが要請される。今後の社会（ポスト資本主義あるいは定常社会など）を考える上で、決して小さな問題ではない。

本書は小著だが、一般に世にある時間論とは一線を画する。私たちが頭の中で時間をどのように考えるのかを、数多くの実際のことばの分析によって明らかにし、無意識的に使われるメタファーの仕組を解明することによって、ことばと認識の関係を白日の下にさらす。さらに、少しでも住み込みやすい社会にするにはどうすればよいのかを、言語学の観点から示唆できればと思う。いかなる予備知識をも前提としない。

◆主な凡例

「　」は表現、引用。自明のときは「　」を省略。㈽「夏休み」。
『　』は書名。㈽『広辞苑』。
［　］は発音。㈽［ジカン］。
〈　〉は意義（語義・語釈・意味）。㈽〈流れ〉。
〈　〉は〈AはB〉の形でメタファー類型。㈽〈時間はお金〉。
《　》はキーワード。㈽《動く時間》。
（　）は補足。㈽（雨が）降る。

時間の言語学——メタファーから読みとく【目次】

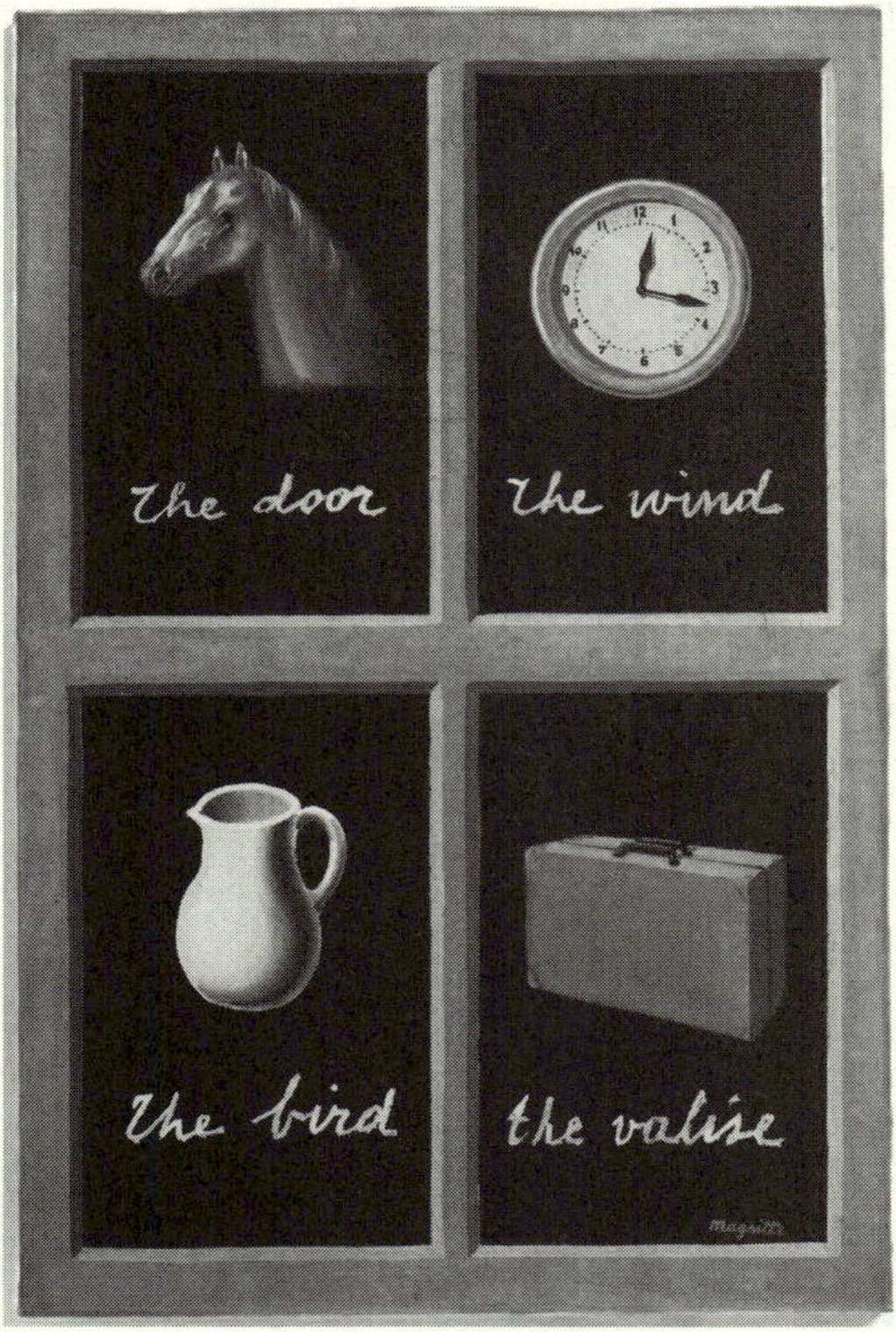

第一章
時間をことばで表すと——『広辞苑』vs.『新明解』

ルネ・マグリット「夢の解釈」The Interpretation of Dreams
©ADAGP,Paris&JASPAR,Tokyo,2017 G0780

辞書はどれでも同じ、ではない。内容もそうだし、その生い立ちには肉体的な精神的な歴史的なドラマがあった。当たり前だが、正確な意義分けと的確な語義を求めて編者は力の限りを尽くす。とりわけ一時代を画するような辞書の場合はその足跡が鮮明だ。まず『広辞苑』と『新明解国語辞典』の成立と展開を追ってみる。

1 『広辞苑』の定義の変遷

†『広辞苑』への道

現在一冊本の中型国語辞典としては『広辞苑』が代表格である。「時間」の定義を見よう。

時の流れの二点間(の長さ)。時の長さ。

「流れ」「点」「間」「長さ」が注目される。すべて文字通りの表現ではない。空間のメタファーである。時間のような抽象概念はもともと直接語ることばがない。ではどのようにしてこの定義に落ち着いたのか。ずいぶん時間がかかった。用例のひとつ「この仕事は――がかかる」の「この仕事」とは辞書編集のことではなかっただろうか。

編者は新村出《しんむらいずる》。『広辞苑』の前身である『辞苑』（博文館）が世に出たのは昭和十（一九三五）年。時間の意味を知る手がかりとしてこの『辞苑』の定義から検討したい。時間に関するいくつかの重要な問題を知るうえで格好の出発点となるからだ。

まず『辞苑』の時間の定義をすべて示そう。ただし、書名も含めて旧字は新字で表し、語義の区分を示す記号ものちのものに統一しておく。

①時刻と時刻との間。時のあいだ。
②時刻。時限。刻限。
③〔哲〕（Time）物体の変化を説明する必要条件の一。過去・現在・未来が流転・連続して縦に無限なるもの。

この語釈（語義）の骨子は、すぐに見るように紆余曲折を経ながらも今日の『広辞苑』（六版）にまで続く。いまは辞書の定義にありがちな用語のたらいまわし（時間の語釈に時が用いられ、時の語釈に時間が用いられるなど）は横に置こう。①が線分としての時間、②

が点としての時間であることは明白である。③は①と②のバックボーンとしての時間だと考えていいだろう。①を線分、②を点とすれば、③は直線と見なせる。初歩の数学で習った線分は両端があるのに対して、直線は両端がなく無限に伸びるという理解だ。

これで時間の三つの語義がきれいに収まったように思えるが、問題がないわけではない。③の定義はラベルからわかるように哲学の専門用語のつもりだが、これは私たちの日常的な理解の一部でもあろう。

ただひとつ、③の説明で腑に落ちない点がある。なぜ「縦に」と規定されたのだろうか。『辞苑』の編集当時の新村は、京大教授で言語学講座を担当し、その後も終生京都に住み続けて辞書の編纂にたずさわった。おそらく当時の哲学者の知恵を借りたに違いない。誰からかは特定できないが、当時の京大の哲学（京都学派）は西田幾多郎をはじめ強者ぞろいだった。百科事典的な項目を見出し語に採用した『辞苑』は、専門家の協力なしには編集できなかったろう。ではなぜ「縦に」が選ばれたのか。

縦でも横でもどちらでもいいではないか、なぜそんなことにこだわるのか、という反問があるかもしれない。しかし、時間のことばを手がかりにして私たちの時間理解を探るという目的からすると、ちょっと見過ごせない点である。ふつう時間の流れというと、いまなら私たちは水平に線を引くのではないか。

そもそも時間という用語は明治の初期に翻訳語として日本語に導入された。『広辞苑』（三版）に「（timeの訳語。〈哲学字彙〉初版）」との記述がある。これは明治十四（一八八一）年刊行の『哲学字彙』のことである。その改訂増補版が明治十七年に東洋館から出ている。それによって確認すると、timeには確かに時間の訳語があてられている。

興味深いことに、その付近にあるtheory（理論）、thing（事物）、thought（思想）なども、時間とともにいまや完全に日本語にとけこんでいるが、これらも当時は最新の翻訳語だった。西洋思想の移入の努力は翻訳語の創造を伴った。柳父章《やなぶあきら》の『翻訳語成立事情』（岩波新書）はtimeについての記述はないが、この間の消息をよく伝える。

†ベルクソンのころ

では『辞苑』出版（一九三五年）のころの時間哲学の動向はどうであったろうか。時間論でいまなお有名なフランスの哲学者ベルクソンの主著『時間と自由』の翻訳が一九三七年に岩波文庫の一冊として出版され、その前年には『物質と記憶』も同文庫に収められていた。ということは、ベルクソンの原著（いずれも十九世紀末に公刊）は『辞苑』の準備段階で専門家の間ではかなり広く知られていたと推測される。

『時間と自由』についてはのちに改めて触れることとして、『物質と記憶』には図1のよ

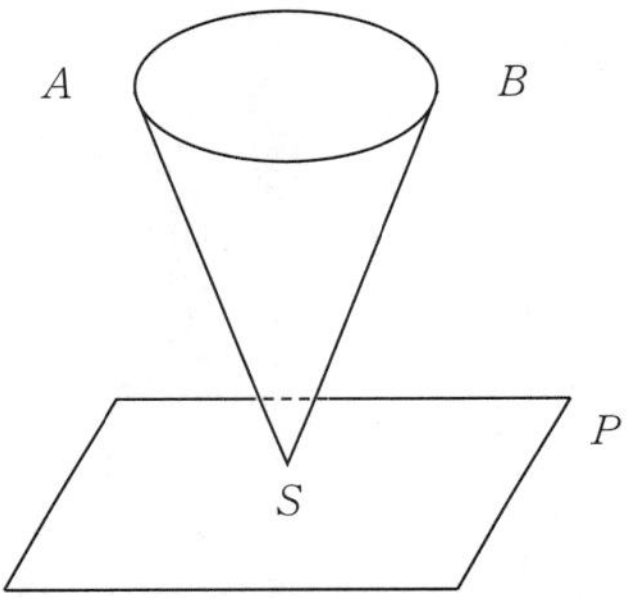

図１　ベルクソンの時間図（『物質と記憶』より）

うなベルクソンによる作図が見られる。詳細は別として、倒立した円錐ＡＢＳと一点で接する平面Ｐを表す。円錐の全体は記憶の総体を示し、過去の中に据えられた底面ＡＢは不動で、動的平面Ｐに触れる頂点Ｓ（現在）があらゆる瞬間に前進する。

問題は、この見方の当否そのものではなく、図１の時間（の先端Ｓ）が縦に動く（しかも下向きに！）というイメージである。下向きの動きはよほど奇異に映ったのだろう。滝浦静雄はのちに『時間』（岩波新書）でベルクソンの時間論を解説する際に、断り書きとともに図１を上下さかさまに描き直しているほどである。さかさまにすればわかりやすいというものでもないが。

おもしろいことに、この縦にの記述は『広辞苑』（一版）には継承されることなく、それ以降のどの版にも現れない。完全に没にされた。

なぜこれを紹介したかというと、時間が流転する——

単に進行する、進む、動くでもよい――と必ず方向が問題となるからである。一般に時間は不可逆的に進行すると信じられているのではないか。とすればその軌跡はふつう直線かカーブかのどちらかだろう。仮に直線だとすればそれは水平なのか垂直なのか、それとも第三の方向なのか。さらに、常識的に仮に水平だとして、その線上のどこか一点に現在を配してその左右に過去と未来を据えれば、時間は過去から未来へ進むのか、あるいは未来から過去に向かうのかも気になる。

まだまだ疑問が続く。いま時間が進むと述べたが、進行するのは本当に時間なのか。それはむしろ私たち（の意識）の方ではないか…とも考えられる。または日々の出来事かもしれない。そもそも私たちは未来に向かう存在だと信じてはいなかったろうか……。

常識がぐらつく瞬間がある。実は私たちは知らないうちにメタファーの世界に入ってメタファー思考を始めていたのだ。ただしメタファー思考と無意識的思考は等価ではない。確かにメタファーはしばしば無意識的であるが、無意識的なメタファーを意識化することはできる。時間の意味にはメタファーが深く関与し、その多くは無意識なので、それを意識の明るみに引き出すこと――これを以下で試みたい。予告しておこう。この先驚くべきことが次々と明らかになると。

しかし、その前にそもそもメタファーとは何かを簡単に説明しておくのが順序だろう。

†メタファーとは何か

一九九五年の四月に、私は二冊の本をほぼ同時に上梓した。『空間のレトリック』（海鳴社）と『メタファー思考』（講談社現代新書）。後者は独立して読めるように配慮したが、前者の続編というつもりだった。『空間のレトリック』は《Newレトリック叢書》の一冊として出版されたのでそのタイトルを保持したが、内容的には『空間のメタファー』としてもよいものである。

今から約二十年前の日本の状況では、本のタイトル（の一部）にメタファーを使うことはまだかなりの冒険のようだった。『メタファー思考』の担当の編集者は、メタファーという用語が読者に受け入れられないのではと強く懸念し、私に再考を求めた。しかし、私はこの語を日本に普及させたいとの思いがあり、従来の隠喩や暗喩という修辞用語とは一線を画するメタファーに期待を込めた。

幸いメタファーは広く読者に受け入れられた。そして時間のメタファーに関する個所は少し人目を引いたようである。

私はまだメタファーを説明していない。しかし、いまでは多言を要さないのではないかとも思う。その後、私は『日本語のレトリック』（岩波ジュニア新書）でもメタファーなどの仕組をわかりやすく解説した。この二十年余の間に状況はずいぶん変わったようだ。
次の二例を見よう。どこにメタファーが隠れているかを発見してもらおう。

①勉強は基礎が大切

②卒業後の進路を考える

最小限の確認として、メタファーは類似性に基づく比喩であるとだけ言っておく。見つかっただろうか。いずれも短い文なので可能性は限られる。①は基礎、②は進路がメタファー（の中心）である。

①の背景には、〈勉強は建築〉というメタファー認識がある。あるいはより限定して〈勉強は積み重ね〉を想定してもよい。基礎がしっかりしていないと上に積めない、ないしは頑丈な家が建たない。またたとえ建っても何かの拍子にすぐ傾くようでは困るだろう。基礎固め、土台作りは確実であってほしい。これと同じように勉強も基礎・土台が大切というのが①の意味である。

では、②の進路がメタファーだというのはどういう意味だろう。進路は一見したところ文字通りの意味に見えるかもしれない。しかし、これもれっきとしたメタファーなのだ。

それだけメタファーが私たちの日常的なことば＝認識に浸透しているということである。背後には〈人生は旅〉のメタファー認識を想定しよう。

人生は、人生行路とも言われるように、私たちは旅人となってその道を歩む。このメタファーは私たちの認識の深いところにまで達している。卒業はそのような旅のひとつの重要な節目である。成人式は通過儀礼でもある。人生を駆け抜ける人、ゆっくり歩む人、分かれ道で進路を迷う人……。②の進路はこのような〈人生は旅〉のメタファー認識を基本とする。

一般に、メタファーの基本形は〈AはB〉のパタンをとることが多い。Aは勉強や人生のように抽象度の高い概念であり、これを文字通りのことばで語るのはむずかしい、あるいは単純にそれができない。そこでより具体的でわかりやすい表現のBで表す。Bがメタファーとなる。

しかし、人生はともかく、勉強が抽象概念というのはどういうことだろう。勉強は、それが好きな人も嫌いな人も、机に向かっていてもパソコンのキーをたたいても、ながら族を決め込んでも、その姿はきわめて具体的で身体的なのではないのか。確かにそれはその通りだが、パソコンのキーをたたいたりノートをとったりする行為は勉強そのものではない。意味がわかっているかどうかは別にして、キーボードをたたくくらいなら幼児にだってできるだろう。それが勉強の一部に組み入れられるにはもっと高次の統合が必要である。私はいまここで勉強とは何かを問おうとしているのではない。もう一度①の勉強を眺めよう。

①勉強は基礎が大切

右の勉強は、具体的で身体的な場面を離れた概念なのに気づくだろうか。勉強は……と言いかけて、適切な文字通りのことばが見当たらない。そこで建築の領域から表現を借りてくる。これを支えるのは似ている、いるという感覚である。メタファーは類似性をベースとする。

少し補足しよう。より身体的だと思える机に向かっての勉強も、実は①の勉強と同じく抽象的な概念である。真実のような純粋な抽象と比べるとこの勉強はうんと具象的かもしれないが、たとえばリンゴを指すように勉強を指さすことはできるだろうか。できると思う人は、勉強ということばには勉強をする特定の人（自分自身とか友人のAさんなど）やその行為の場所（自室やB大学の図書館など）が含まれないことに注意しよう。それ以外のもろもろの特定の具象的対象（科目Cなど）も消し去った勉強は、やはり立派な抽象概念と見なせるだろう。

要点を整理しよう。メタファーの基本形は、

〈AはB〉

だと考えた。典型的にはAは抽象的でBは具象的である。Aは文字通りのことばがないのでBから借り入れを行う。その際、具象的なことばなら何でもよいのではなく、AとBとの間に類似関係の知覚がなければならない。

この見方の細部の検討は本書の目的ではない。ここで確認したいのは、時間がAに挿入される抽象的なことばであり、それについて何かを語ろうとすれば、メタファーとしてのBに頼らざるをえない点である。しかし、時間は勉強よりもさらに抽象的である。どちらかというと先に述べた真実の類に近い。類似性の手がかりとなるはずのBのことばも、その分かなりのバリエーションがありそうだ。

では次に、時間をたとえることばBに何を用いるかという視点から、『広辞苑』の記述を調べよう。そこで注目してもらいたいことがひとつある。本来客観的な記述を好む辞書の記述が、こと時間に限れば、すべてメタファーに頼っているという点である。これは、

ふだんあまりメタファーに関心のない人には驚くべき事実かもしれない。

†『辞苑』から『広辞苑』へ

『辞苑』が出たのが昭和十年、『広辞苑』(一版)は昭和三十年。このちょうど二十年の間に何があったのか。

戦争。

版元が博文館から岩波書店に移る。

書名が『辞苑』から『広辞苑』に変わる。

新生『広辞苑』の時間の記述は概略次の通り。

①時刻と時刻との間。時のま。とき。
②時刻。とき。
③〔哲〕(略)
④〔理〕(略)

⑤〔心〕前後、同時、継続の長短についての意識。

右の①と②の語義は、基本的に『辞苑』の①と②と同じである。編集上の技術的な問題としては、ときが①と②で重複している点が指摘できよう。もちろん①のときと②のときは意味が違うのだが、この問題の解消は二版を待たなければならない。

専門用語としての時間は、『辞苑』では哲学ひとつだったが、③哲学と④物理学と⑤心理学に拡大した。③の説明は、二版以降のそれと比較してもきわめて難解なので横に置く。④にはアインシュタインの相対性理論への言及が現れるが、当面は本書の埒外である。⑤は二版以降削除されるが重要。ただし、二版以降の①の語義に部分的に組み込まれて今日に至るとみるべきか。時間の前後や長短などは、心理学の専門領域に収まりきらず、私たちの日常的な認識でもあるだろう。

前後は何が前で何が後なのかが明らかにされないままである。また長短はメタファーである（物差しでは測れない）。もちろん前後もメタファー。

『広辞苑』の二版は昭和四十四（一九六九）年の出版である。新村出はその二年前に没した。時間の語釈は現代により近づく。

①時の流れの二点間（の長さ）。着目する物事の存否と関係づけた、時の長さ。時のま。「この仕事は—がかかる」「—割」

②〔学術用語としてのtimeの訳語〕空間と共に人間の認識の基礎を成すもの。時間1と時刻とを併せたような概念。

㋑〔哲〕あらゆる出来事の継起する形式で、不可逆的な方向をもつ。後方にも前方にも限りなく続いている直線のようなものと考えられ、外的・内的のあらゆる出来事はそのうちに位置を占める。（以下略）

㋺〔理〕（略）

㋩時間の単位。（中略）秒の三六〇〇倍。

③俗に時刻2と同義に使う。「帰りの—が遅い」

二版の主要な記述を順に検討しよう。

まず語義①。「時の流れの二点間（の長さ）」は六版まで継承される安定した語釈である。次の「着目する物事の存否と関係づけた」は「時の長さ」を修飾してそれを意味的に限定するが、少しわかりにくいかもしれない。言い直すと、ある物事が存在してそれが持続する時間の長さ、あるいはある物事が存在せずにその不在状態が持続する時間の長さを表す。

たとえば雨に着目して、雨が降っている時間の長さと雨が降っていない時間の長さ。

これはかなり重要な見方である。時間の流れを物事と関係づけて理解する形だ。ただこの意味が①の「時の流れの二点間（の長さ）」にも適用されるのかどうかはわからない。「着目する物事の存否と関係づけた、」は三版以降姿を消す。

ポイントは、時間そのものに長さがあるのかどうかである。理系の人はあると答える傾向が強いかもしれないが、それは私たちの日常的な時間理解の一部だろうか。のちに振り返ろう。時そのもの――それが存在するとして――とは何かももちろん問題にしてよい。

次に語義②。形式的には一版の学術用語③④⑤を②に統合した。その下に㋑㋺㋩を設ける。内容的には、㋑㋺㋩の総説「（学術用語としての time の訳語）空間と共に人間の認識の基礎を成すもの。時間1と時刻を併せたような概念」を追加。ではその後半部「時間1と時刻を併せたような概念」の意味は何なのか。

時刻は、『広辞苑』（二版）に二つの語義が記されている。ひとつは、「一瞬一瞬を刻みつつ流れるものとしての、とき」。これは（方向性をもつ）直線にほぼ等しい。もうひとつは、「時の流れの或る一瞬。時点」。これは明らかに点としての時間である。この二つの意味と時間1（これは両端が決まった線分としての時間）を足したものが②だという。

このような何でもありの語義が果たして学術用語として体をなすのかどうか、少なからず不安になる。また「時間1と時刻を併せたような概念」のようなも専門語らしからぬ書きぶりである。編者の困惑ぶりが目に浮かぶ。

†最新版に至るまで

この種の軸のぶれは、当然ながら〔哲〕の語釈にもうかがえる。ここは比較のために二版から最新の六版までの説明を併記しよう。二版との主な異なりは傍線で示す。

（二版）あらゆる出来事の継起する形式で、不可逆的な方向をもつ。後方にも前方にも限りなく続いている直線のようなものと考えられ、外的・内的のあらゆる出来事はそのうちに位置を占める。（以下略）

（三版）あらゆる出来事の継起する形式で、不可逆的な方向をもつ。普通は、後方にも前方にも限りなく続いている直線のようなものと考えられ、外的・内的のあらゆる出来事はそのうちに位置を占める。（以下略）

（四版）一般に出来事の継起する秩序で、不可逆的方向をもち、前後に無限に続き、一切がそのうちに在ると考えられる。（以下略）

（五版）一般に出来事の継起する秩序で、不可逆的方向をもち、前後に無限に続き、一

切がそのうちに在ると考えられる。(以下略)

(六版) 一般に出来事の継起する秩序で、過去から未来への不可逆的方向をもち、前後に無限に続き、一切がそのうちに在ると考えられ、空間とともに世界の基本的枠組を形作る。(以下略)

細部にはいろいろと問題があるが、重要なポイントのみに限ろう。

まず二版の「出来事の継起する形式」の形式はわかりづらい。四版以降では「出来事の継起する秩序」に改められる。出来事が前後に連続するときの順序のことをいうのだろう。

第二に、時間が「不可逆的な方向をもつ」ときの方向である。これはすでに何度か問題点として指摘した。ようやく六版で「過去から未来への不可逆的方向」によって明確に方向が決定する。しかし、これが大問題である。後に詳しく検討することにして、ここでは何がそれほど問題なのかを指摘するにとどめよう。時間ははたして過去から未来へ向かうのか——これである。常識的にはそうだろう。約百人に尋ねてその大半がそう答えた。しかし、その逆は本当に考えられないのか。

少しことばを足そう。私たちがじっと岸辺に佇んで川の流れを見送る場面を想像してほしい。水はとどまることなく上流から下流に流れてゆく。このとき私たちの認識はどうだろうか。時間の流れと重ねると、上流が未来で下流が過去と見なしていないだろうか。ここは結論を急ぐ必要はない。じっくり考えよう。何か楽しいひとときや苦しい思いが過ぎ去ったと思うとき、それはすでに下流＝過去に行ってもう二度と戻らないと思わないか……。

ここで慎重な人は、時間と出来事の動きを峻別しようとするかもしれない。それはそれで結構なので、その上で時間と出来事の進行方向を改めて考えればどうなるか。あるいは時間（の流れ）に乗った出来事（川面を下る小舟のように）を思い浮かべてもらってもいい。

†どこから時間を観察するのか

少し負荷をかけすぎたかもしれない。それでも『広辞苑』（六版）の見方がそれほど自明ではないことに気づいてもらえたと思う。より詳しい検討はのちに委ねたい。

最後に、「あらゆる出来事はそのうちに位置を占める」（二版）が「一切がそのうちに在る」（六版）に受け継がれる点を見よう。これも後の分析のための準備であるが、一見したところどうってことのなさそうな「そのうちに」の箇所に注目したい。「そのうちに」とは言うまでもなく「時間のうちに」の意味。これはおそらく時間を一方向に流れる川のように見立てるメタファーである。川だと幅があるから「そのうちに」一切の出来事を位置づけることができる。しかし、これは二版と三版のいう「直線」ではない。直線は一次元なので幅が存在しないから。

まあそんなに律儀に数学的な直線の定義に従わなくてもいいのかもしれない。昔から川やら矢やらいろいろな図像が提案されてきた。その一方で、直線のイメージも容易には捨てがたい。ではどうするか。『広辞苑』を離れるときが来たようだ。

その前にこれまでの主な論点をまとめよう。

時間の形象——点／線分／直線／帯
時間の運動——可逆／不可逆（過去→未来／未来→過去／あるいはその両方）

形象の帯はすぐ右のそのうちに、一切（の出来事）が在るイメージである。また時間の運動に関しては、何が移動するのかを慎重に見極めなければならない。もうひとつ大事なのは時間を見る目である。どこに私たち（認識主体）の視点を据えて時間を観察するのか——この観点が重要だとわかるだろう。

2 『新明解』の挑戦

†引き裂かれた『明解』

昭和十年刊の『辞苑』から遅れること八年、戦中の昭和十八年に『明解国語辞典』（以下『明解』）が三省堂から上梓される。時代にマッチした小型辞典として飛ぶように売れたという。しかし、こと時間の定義に関して言えば精彩を欠く。

①とき。
②一日を小分けにしたもの。時刻。刻限。
③〔哲〕過去・現在・未来の無限の流転・連続。

右の時間の定義は、『辞苑』のそれより退歩してさえ見える。とくに①の「とき」は、その見出しの①に「時間」の語義が記されて、これはいわゆる堂々巡りだ。だがこの辞典が驚異的な展開を見せるのは『明解』が二つに分裂して以降である。

二人の男がいた。

ひとりは見坊豪紀《けんぼうひでとし》。

もうひとりは山田忠雄《ただお》。

二人は東大国文（国語学）の同期であり、協力して（ただし見坊が実質的な主幹）『明解』の初版とその改訂版（昭和二十七年）を世に送った（いちおう監修は金田一京助だが名ばかりだったようだ）。ところがその後、訳あって二人は袂を分かつ。見坊は生きた用例採集（その用例カードは最終的に怒濤の一四五万枚に達した！）に精力を注いで『三省堂国語辞典』を生み、山田は語釈を一新して『新明解国語辞典』（以下『新明解』）を誕生させた。この間の人間ドラマと辞書にかける二人の情熱のほとばしりは、武藤康史の『明解物語』（三省堂）と佐々木健一の『辞書になった男　ケンボー先生と山田先生』（文藝春秋）に詳しい。いずれも渾身のドキュメントである。

†実感に寄り添った意味記述へ

『新明解』の初版から七版までの時間の語釈を順に見ようと思うが、その前にその前身

『明解』の改訂版を確かめておこう。初版の②の語義が次のように改訂されている（①と③は同じ）。

②時をかぞえる単位。一時間は一日の二十四分の一、一分の六十倍。

山田は『新明解』の編集主幹として、世の中の人々の実感にもっと寄り添った意味記述を心掛けようとした。では各版の定義を示そう。

〔初版・二版〕〔限られた範囲としての〕時。〔時を数える単位としても用いられる。一時間は一日の二十四分の一、一分の六十倍〕

〔三版〕①〔過去・現在・将来にわたって無限に移り変わるものとしての〕時。〔時を数える単位としても用いられる。一時間は一日の二十四分の一、一分の六十倍〕

②時刻。

〔四版・五版〕①〔空間と共に、種種の現象が生起する舞台であるが、空間と異なり時間は一つの方向にわれわれの所を過ぎ去って行くように意識される〕

②ある時点からもう一つの時点までの間。〔何かを・している（するのに都合の良い）

間として考えることが多い。狭義では、学校における一回分の授業時間を指す。例、「国語の―」〕
③「時間②」の長さ。継続時間。時間間隔。〔量の一種〕
④「時間③」を計る単位で、一日〔=厳密には、一平均太陽日〕の二十四分の一を表す〔記号h〕。〔六十分に等しい。国際単位系では、三六〇〇秒と定義されている〕
⑤「時刻」の日常語的表現。

〔六版・七版〕①人間の行動を始めとするあらゆる現象がその流れの中で生起し、経験の世界から未経験の世界へと向かって行く中で絶えず過ぎ去っていくととらえられる、二度と元には戻すことができないもの。〔和語的表現では「とき①」がこれに当たる〕
②「時間①」の中で何かが始まった時点から終わる時点に至るまでの、限られた範囲。また、その長さ。〔狭義では「時間③」で計れる長さを指すが、広義では日《ニチ》・月・年などで表わす長さをも含む〕
③「時間②」を計る単位。一日〔=厳密には、一平均太陽日〕の二十四分の一で表す〔記号h〕。〔六十分に等しい。国際単位系では、三六〇〇秒と定義されている〕
④「時刻」の意の日常語的表現。

語義の数は初版・二版の一つ、三版の二つ、四版・五版の五つ、六版・七版の四つと変化する。語義の数が中身の充実と必ずしも相関するわけではないが、三版から四版・五版への語義数の増加と内容の拡充との間には強い結びつきが感じられよう。

山田は五版刊行の前年平成八年に永眠した。享年七十九歳。

†六版の新定義

編者の個性がもっとも前面に出たのはおそらく四版あたりではないか。それはたとえば恋愛や世の中などの見出しを見れば明らかだ。しかし、それをここで紹介するのは控えたい。時間に限って私がもっとも注目するのは六版・七版の①である。『新明解』は山田亡き後も進化を示す。

〔六版・七版〕①人間の行動を始めとするあらゆる現象がその流れの中で生起し、経験の世界から未経験の世界へと向かって行く中で絶えず過ぎ去っていくととらえられる、二度と元には戻すことができないもの。〔和語的表現では「とき①」がこれに当たる〕

六版の編集委員会代表は柴田武、七版は倉持保男。柴田は『新明解』初版以来の編集委員であり、倉持は五版から編集委員に名を連ねる。

右の①は相当な議論を経たものだと推測される。やや詳しく検討するために、その主要部分を便宜上次の三つに分けよう。

㋑人間の行動を始めとするあらゆる現象がその流れの中で生起し、

㋺経験の世界から未経験の世界へと向かって行く中で

㋩絶えず過ぎ去っていくととらえられる、二度と元には戻すことができないもの。

①を㋑㋺㋩に分けた理由は、①に三つの時間の概念が溶け込んでいるからである。特筆に値するのは㋺の記述だ。すべての辞書を調べたわけではないので断定はできないが、時間の語釈に㋺を含むものは見当たらない。㋺は私たちの時間概念の重要な一部を占める。

順に見よう。

まず㋑について。㋑に少し語を補う。

㋑´時間は人間の行動を始めとするあらゆる現象がその流れの中で生起するもの。

ここには二つの主張が含まれている。

主張一　時間は流れである。

主張二　あらゆる現象が時間の中で起こる。

主張一は多くの辞書に共通し、私たちの実感にも沿う。ただし流れとは何かは、のちに見るようになおその性質を究明しなければならない。

主張二は、あらゆる現象が時間の中で起こるという点が重要。先の『広辞苑』についてのまとめに従えば、時間の形象を帯と見る。

これら二つの主張を総合すると、時間は帯状の流れであり、一切の出来事はその中で起こるという見方に落ち着く。

二点言い足そう。まずこの意味での時間は、先に『広辞苑』二版の語義①で問題にしたこと——あらゆる出来事はそのうちに位置を占める——と関連する。つまり、これは時間そのものを単独で取り出した概念ではなく、あくまでそこで起こる出来事との関係でとらえられた意味である。帯のように幅がある時間は、その中に物事・出来事などのあらゆる現象を抱え込む。

もうひとつは、あらゆる現象が時間の流れとともに一緒に流れていくのかという問いである。流れに乗って一切が流転するのか。それとも出来事は流れの中にあって、いわばその場にとどまり、時間がその脇をすり抜けていくと感じられるのか。

いまここでこの問題に白黒をつける必要はない。ただここに未解決の問題がまだあるということを頭の隅にとどめておいてもらいたい。繰り返し述べて恐縮だが、私たちの頭にある時間概念を明るみに出すには、このような言語的手続きを丁寧に踏む必要がある。

†時間は未来から過去に向かって流れる

次に㋺を後回しにして㋩について。㋩もそれだけで意味がよくわかるように少しことばを補う。

㋩´時間は絶えず過ぎ去っていくととらえられる、二度と元には戻すことができないもの。

ここにも二つの主張がある。

主張一　時間は絶えず過ぎ去っていく。
主張二　時間は二度と元に戻せない。

主張二は、時間の進行が一方向的で不可逆的だと述べる。主張一は時間の流れの方向を示唆する。すでにこの問題には軽く触れた。時間が過ぎ去っていくと感じるとき、それはどちらの方向へ遠ざかっていくのか。いま考えるのは、過去から現在を通って未来へという方向か、未来から現在を通って過去へという方向かの二者択一だ。

主張一と主張二を矛盾することなく理解するには、時間は未来から現在を経て過去に不可逆的に進むという図になりはしないか。すでに過去へと遠ざかった時間（およびその中の出来事）は二度ともとに戻せない。これを未来の方向へ過ぎ去った時間は取り戻せないと考えるのは、認識上ほとんど不可能だろう。

と考えれば、時間は未来から過去に向かって流れる。この暫定的な結論は、たとえば『広辞苑』（六版）が明記する時間の流れ――過去から未来へ――と方向が逆である。これはどういうことか。万人向きの国語辞典に正反対の記述が見られるのだ。

†人は未来に向かう

ひょっとすれば私が勝手な意味を読み込んでいるだけかもしれない。この点をはっきりさせるには㋺の意味を確定させねばならない。㋺と㋩は実は表裏一体の関係にある。㋺にもやはり若干のことばを補って形を整える。

㋺´私たちは経験の世界から未経験の世界へと向かって行く。

冒頭に「私たちは」を加えた。これに異論はないだろうか。「私は」でも「人は」でもよい。経験の世界とはすでに経験済みの世界ということで、過去を指すとしか考えられない。とすれば未経験の世界とはいまだ経験していない世界、これから経験する世界なので、要するに未来だ。こうして私たちは過去から未来へと歩を進める。

右で㋺と㋩は表裏一体だと述べたが、そこには矛盾はないだろうか。結論的には矛盾はない。時間は未来から過去に向かって流れ、その中を私たちは過去から未来へと歩む。より正確に言えば、私たちは未来を前方に見すえて未来に向かって進んで行く。

これを図で説明しよう。

図2 《動く時間》

図3 《動く自己》

図2は、人がある点にとどまって時間の流れを観察する状況を表す。時間は未来からやって来て過去に過ぎ去る。たとえばもうすぐ夏休みがやって来ると言う。来るという表現は話者に近づくことを意味する。行くはその反対だ。逝くと行くが同音であるのも興味深い。逆に新しい命は生まれいずる、生まれてくるものと認識される。「知らず、生まれ死ぬる人、いづかたより来たりて、いづかたへか去る」(『方丈記』)も同じ見方を共有する。

図2は人が動かず時間(の流れに乗った出来事)が動くのに対して、図3は時間が動かず人が動くことを表す。人が未来に向けて一歩一歩を踏み出す図である。未来は人の前方にあり、過去は人の背後

にある。それゆえ私たちは過去の出来事をときどき振り返ることになる。

†《動く時間》と《動く自己》

図2を《動く時間》と名づけ、図3を《動く自己》と呼ぼう。図2と図3は矛盾することなく結合できる。この詳細は三章で述べたい。ここではその前段として《動く時間》と《動く自己》のそれぞれの前後関係を確かめておこう。

論理的には自明である。《動く時間》は未来から過去に向かうのだから、向かう方向が前方となる。つまり過去は前で未来は後ろだ。これはことばによって支えられた私たちの認識と合致するだろうか。過去は以前で未来は今後と言う。現在から十年の隔てがある過去は十年前でその逆は十年後。《動く時間》の前後は確かに表現と辻褄が合う。

では《動く自己》の前後はどうだろうか。人は未来に向かって進むので当然未来が前方で過去が後方となるはずだ。右で過去を振り返るという表現を紹介した。振り返るのだから過去は後ろになる。逆に人がこれから歩む前方は前途と言い表す。やはり《動く自己》の未来は前と表現＝認識される。前向きに検討するのもこの見方の線上だろう。

ひとつ大きな疑問がある。《動く時間》に関して『広辞苑』をはじめ多数の国語辞典はなぜ過去から未来へ時間が流れると判断したのか。またなぜいまなお多くの人が漠然とそう思うのか。『新明解』（六版・七版）でさえ、その優れた定義にもかかわらず、例文として「過去から未来へと無限に続く―の流れ」を挙げている！

主な理由は二つ考えられる。物理と錯覚である。

物理とは、事実と見なされているいわゆるビッグバン、宇宙の始まりの大爆発である。全宇宙のエネルギーがバスケットボールよりも小さい容積に圧縮されて爆発する。様々な物質を生みだしつつ急激に膨張する。時空はここを出発点とする。ここが起点なので、時間はビッグバンを始点として未来へと不可逆的に進む。このような想定だ。

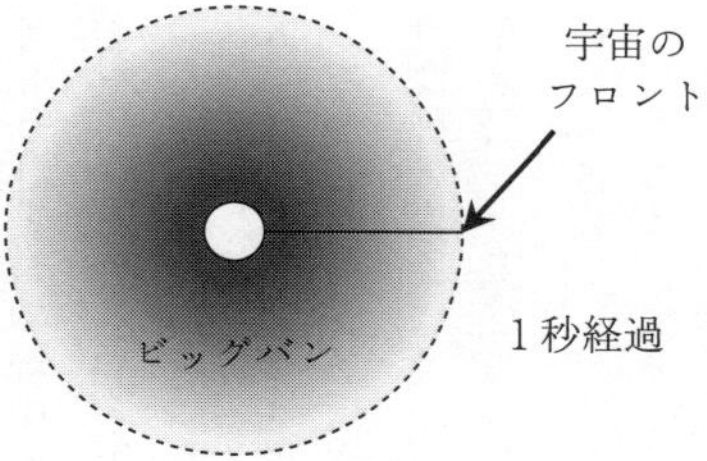

図4　ビッグバンの時間

図4を見よう。ビッグバンから一秒経過した状態を描く。空間的に宇宙が広がる方向は疑いない。しかし時間の方向は自明とは言えないのではないか。何となく空間的な変化（膨張）に時間の進行を重ねあわせて理解しているのではないか。わざと私は一秒経過と記したが、これを一秒後と表現すると時間の前後はたちまち反転してしまう。ビッグバンは一秒前の出来事となる。空間的膨張の前と時間的な前は逆向きになる。

時間が過去から未来へ流れると多くの辞書や多数の人が信じ

るもうひとつの理由を考えよう。それは錯覚である。では何と何の錯覚か。それは《動く時間》と《動く自己》との間の混同である。《動く自己》は未来を前方に見て進む。往年の名画のタイトル『明日に向って撃て！』のように、私たちは明日に向かって歩み続ける。そこで時間も私たちに伴走してくれているように思い込むのではないか。

この逆のパタンは通常起こらない。この理由は単純だ。私たちの認識は自己が中心だからである。つまり《動く時間》に《動く自己》が伴走するという認識は考えにくい。この理由は単純だ。私たちの認識は自己が中心だからである。つまり自己チューであるから。あくまで《動く自己》が主で《動く時間》は従だと言うにとどめておきたい。でなければただ時間に流される。

ここにはまだまだ考えるべきことがあるが、のちの検証に委ねよう。ただもうひとつこの章で触れておくべきことがある。それは日本語の位置づけである。ここまでの資料はすべて国語辞典を基礎とした。その中で『新明解』の六版・七版の記述を積極的に評価した。しかしこれはあくまで日本語および日本人の見方にすぎないのではないか。

そこで次に英語の時間概念を簡単に見よう。これもまだまだ準備運動のレベルである。

†time について

時間と人間の進行方向に限って英語圏の見方を明らかにしよう。まずは次の諺。

Time and tide wait for no man.（歳月人を待たず）

tide は現在潮の干満や潮流を意味するが、かつては時間も表した。この時間の語義はやがて time に奪われる。time と tide はある時期結果的にほぼ同じ意味（時間）を担う表現となった。おもしろいのは tide においても時間と流れ（潮流）が強い結びつきを示す点だ。時間を流れに見立てる表現をもうひとつ見よう。ここには time は顔を出さない。

(a lot of) water under the bridge

これは文字通りには橋の下の（多くの）水だが、橋の下にたくさんの水が流れた、あれからいろんなことがあった、すべてはもはや過去のことというイディオムである。これが映画のセリフとして使われたもっとも有名な例は名画『カサブランカ』だろう。黒人のピアノ弾きのサムがイルザ（イングリッド・バーグマン）に言う。イルザはサムのボスであるリック（ハンフリー・ボガート）のかつての恋人だった。イルザは往時を偲んでサムに一曲せがむ。その歌が As Time Goes By（ときの過ぎゆくままに）。この go by の意味は慎重に見極めたい。

goは後回しにしてbyから見よう。これは本来前置詞で「〜のそばに［で］」の意味。誰のそばであるかは明示されないので聞き手はそこにmeなりyouを補って理解する。それが時間の流れの観察者の視点を受けもつ。先の分類に従えば《動く時間》を人が見送る図2となるだろう。人が表現上現れないと、人がときの流れの現場に立ちあってそれを直接目の当たりにするような効果を生む。

†goとcome――時間と自己の向きは日英共通

ではそのとき時間はどちらの方向に流れるのか。これを決定する言語的証拠がいくつかある。そのひとつがgo。英語で《動く時間》を表すとき、現在から過去への進行はgo、未来から現在への進行はcomeで表す。「冬来たりなば春遠からじ」は、If Winter comes, can Spring be far behind?（シェリー）の訳。冬がやってきたなら春ももうそう遠くはない。冬の後には春がすぐに続く。日本語の発想とほぼ同じだ。
go byで時間が現在から過去に向かうのはすでに自明なようだが、この見方を補強するものとしてago（以前、前）の構成を見よう。a-は強意（すっかり）の接頭辞。goはgone（goの過去分詞）の変化形で「行ってしまった」の意味。たとえばtwo years agoは「二年がすっかり過ぎてしまって」から二年前を表す。《動く時間》はgoで現在から過去に向かうことが明らかになる。

では《動く自己》についてはどうか。中学生でも知っているbe going toが役立つ。人を主語にしてすでに決まっている予定をこれから行うことを表す。goはここでは未来に向かう。未来に向かっていま歩みつつあるという形は、goの進行形を使ったメタファーだ。当然その人の背の側は過去。だから先に述べたように過去を振り返る。英語でもlook backしないと過去は目に入らない。

これですべてが揃った。英語の《動く時間》は過去が前で未来が後ろ。《動く自己》は未来が前で過去が後ろ。言語的な証拠はほかにもあるが、基本的な見方は英語と日本語で共通することがわかる。これは日本語の時間ということばが明治初期に翻訳語として取り込まれたからではない。和語のときも本質的にこれと同じなのだから。

では英語と日本語が時間の基本的な認識を共有するのは偶然だろうか。これは即断できない。時間についての人間の見方が一般にそうなのか。それともたまたま日英で一致しているだけなのか。これは経験的に多くの言語で確かめなければならない。いまわかっている範囲で言えばかなり普遍的なようだ。ただそうでない言語が少数知られている。第三章でその一部を見よう。

この問題に入る前に次章では時間とときの違いを取り上げよう。辞書的な記述の時間とときは、すでに一部見たようにしばしば堂々巡りの記述で済まされている。しかしこの二つのことばの背景は実はかなり違う。ふだん私たちの意識にのぼらないことば遣いの差異の大きさを知って、読者は再び驚くかもしれない。

第二章

「時間」と「とき」

ルネ・マグリット「千里眼」La Clairvoyance
©ADAGP,Paris&JASPAR,Tokyo,2017 G0780

前章では時間のおもな表象に三形態――直線・線分・点――を認めた。このそれぞれに語義が従う。ではときについてはどうか。時間とどう違うのか。この章ではその異同を確かめたい。

1　ときの意味――ゆったりと流れるもの

†和語としてのとき

おおざっぱに言うと日本語は和語（やまとことば）と漢語からなる。これは二重言語状態であるが、日本語の表現の可能性はこれによって大いに広がった。ほぼ同じことを表すのにしばしば二系統の異なる表現があるのだ。たとえば買うと購入する、教えると教育する、腹を立てると立腹する、馬から落ちると落馬する……と挙げだせばきりがない。

これは古来の日本語に、ある時期から漢語が移入されたためであり、漢字がわが国の思想・文化に与えた影響は計り知れない。漢文を読み下し文にして理解するという驚くべき発明もした。漢字に音訓をあてがって自国語としたのだ。

ときと時間の違いをかつて私は次のように述べた。

「とき」と「時間」とでは、明らかに響きが違う。「とき」はやまとことばで、濃淡のある柔らかな縁どりを感じさせ、「時間」は漢語であって、かちっとした明白な輪郭を感じさせる。「とき」は、漢字で「時」と書くよりも、ひらがなで「とき」と書くほうが似つかわしく、逆に、「時間」はかな書きでは締まらない。「とき」には、個人的な親しみがこもっているといえばよいのだろうか。これに対して、「時間」は、社会的な機能を前面に押し出す。（瀬戸賢一『メタファー思考』講談社現代新書）

これはときと時間を例にとって和語と漢語（音読みの翻訳語も含む）のニュアンスの差、語の響きの違いを素描したものだが、同時に両語の意味が部分的に重なりながらもうまく住み分けていることをも示唆した。微妙な意味の差異がいかに両語を分かつのかはすぐにより詳しく見る。

そのひとつの手掛かりとして、『辞苑』と『広辞苑』の各版の時間とときの語義数を比べよう。表1が示すように、ときの語義数が平均三倍強多い。『広辞苑』の語義の数が一版から二版にかけて減少したのは、いくつかの語釈がひとつの語義番号に㋑㋺㋩などとしてまとめられたからである。

		時間	時《とき》
辞苑		3	12
広辞苑	一版	5	13
	二版	3	9
	三版	3	10
	四版	3	10
	五版	3	10
	六版	3	10

表１　『辞苑』と『広辞苑』の語義数の比較

なぜときの語義数が時間のそれよりもかなり多いのかはすでにおわかりだろう。ときが和語として長年の歴史をもつのに対して、時間は明治以降に翻訳語として成立したにすぎないからだ。ことばとしての年輪の差と言えばよいのだろうか。ごく日常的なレベルにまで両者の違いは及ぶ。たとえば「若いとき」とは言うが、「若い時間」とは言わない。「うれしいとき」や「悲しいとき」はあっても「うれしい時間」や「悲しい時間」はない。

ときは和語として人に寄り添う。人と一体になってある状況を作る。もちろん主人公は人。「大いなるとき」とはある重大なときだが、その場の人の心臓が高鳴りその胸が膨らむ。ときそのものが大いなるというよりもその状況の全体が大いなる特性を示す。こう言ってもよいかもしれない。ときはここでは状況・場合の意味に近づくと。ひとつの場の形成を意味すると言うべきか。

しかし場とは空間よりのことばではなかったか。もう少し例を見よう。

風邪を引きそうなときはすぐに寝るのが一番。

これは次のように言い換えてもほとんど意味が変わらない。

風邪を引きそうな場合はすぐに寝るのが一番。

次の例もほぼ同趣だろう。

万一のときに備えて貯金する。

ときのある用法が場（合）の意味に近づく例を見たが、ときと対照される語ではどうだろうか。ところという表現に注目しよう。「ときとところをわきまえよう」ではときとところがペアを組む。ところも純粋な場所にとどまることなく、しばしば場所と結びついた状況を指す。これを「ときと場合をわきまえよう」と言い換えてもよい。もちろん空間的な場所を表すことを中心とするが、つぎの表現ではときの意味に近づいていないだろうか。

駅に着いたところで定期を忘れたのに気づいた。

次の文と比べよう。

駅に着いたときに定期を忘れたのに気づいた。

和語が融通無碍《むげ》であると主張するのではない。もし本当にそうならたった一語ですべての意味が伝わるはずだ。ただ日本語に限らず、すべての人間のことばの意味には中心と周辺があること、漢語の輪郭が比較的かっちりとしているのに対して和語は弾性に富むことに注意を向けたい。ときところのある用法では意外にも意味が急接近する場合があることを見た。

†ときの認識

ではときの意味の中心は何か。

少しゆっくりと考えてみたい。

遠い遠い昔、私たちの先祖がときの経過を感じた状況を想像してみよう。朝起きて何らかの活動をして寝る。これを繰り返す中でいくつかの同一の現象を見たに違いない。多の中に一を見る（to see one in many）認識は生命あるものにとってきわめて重要だ。晴れの日、曇りの日、雨の日。これらの多数の個々の事例の中でもっとも確実な「繰り返しの一致」（渡辺慧『時間の歴史』東京図書）は、日が昇りやがて沈みまた昇るという反復だろう。

日（太陽）が一日のときの確実な指標となるように、月の満ち欠けはひと月のときのシンボルと見なされる。英語の moon（月）と month（ひと月）は同源であり、ドイツ語の Mont（月）と Monat（ひと月）も同様だ。一年の認識はより長期にわたる観測を必要とするだろう。

四季のあるところでは春夏秋冬がときの節目となる。日本では桜花がとりわけ人の心をときめかす。日本語には年の経過を春秋で表す言い方がある。英語なら夏と冬がこの役目を担う。たとえば七十歳の人を a man of seventy winters と言うことがある。苦節七十年の響きに近いだろうか。緯度の高い英国（ロンドンの緯度は日本付近では樺太の中ほど）では、長い冬と短い夏の二つの季節しかないとも言えるからである。英語の春秋にはこの用法はない。

四季よりも長い一年を見定めるのに人は何を注視しただろうか。祭りを手掛かりとしよう。フレイザーの『金枝篇』(岩波文庫)には多数の冬至の盛大な祭りが記述されている。冬至とは太陽の力が北半球でもっとも衰える日。そのまま衰退してしまえば大変だ。そこで太陽の復活を祈る大きな祭りを催す。クリスマスも結局はこの異教の祭典と合体した。天空の星の観察も「繰り返しの一致」の確かな証拠となったろう。毎年ほぼ同じ時期に氾濫するナイル川は沃土を下流域にもたらした。

ときの経過を知るには何らかの動きがなければならない。この動きに人の行為も加えよう。覚醒と睡眠、摂食と排泄、吸気と呼気、心臓の収縮と膨張、労働と休息などはときの経過の知覚のきっかけとなるだろう。一単位分が認識されればその複数の単位も認められる。祈禱の回数を指先で繰って確かめるのがカトリック教徒の rosary(数珠)である。この rosary の語にはロザリオ(数珠)の語義と並んで、ロザリオの祈りとその祈禱書の語義がある。祈りの道具と祈りの行為が一語の中で合体し、広い意味での動きと連動したときの経過が実感される仕組を示す。

仏家《ぶつけ》では食事をするとき(の食事)を斎《とき》と言う。これも繰り返される行為と反復されるときが一体になったものと解釈できる。仏事で参会者に出す食事のことも意味し、そこで行われる法事・仏事も表す。

†ときの意味の全体

日常的なときの認識基盤をいくつか探ってみた。それらがすべて線分としてのときであるのは明白だろう。つまり始点と終点が定まったときである。しかし線分はあくまでも直線(あるいは大きな円環)の一部にすぎない。背後に悠久のときがどっしりとひかえる。

ときの意味の全体を示そう。

①月日の移りゆき。「―の流れ」「―のたつのも忘れる」
②時間のある幅。
㋐特定の時間。「たのしい―」
㋑暦上の特定の時期。時節。季節。「―の花」「花見〔梅雨〕―」
㋒時代。当時。「将軍綱吉の―」「―は元禄十五年」
㋓時代のなりゆき。時勢。時流。「―の動き」「―に従う」
㋔話題にしている時代。その時。この時。「―の人〔話題、首相〕」
㋕〔古〕一昼夜の時間区分(約二時間)。「半―」

③時間の一点またはそれに近いもの。
㋐ある時点。「子供の—」「—と場合による」「困った—には」
㋑大事な時点（「秋」とも書く）。「危急存亡の—」
㋒よい時点。好機。「—を待つ」「—を見計らう」「—にあう」
㋓〔やや古〕時刻。「—を告げる」
④〔文法〕テンス。時制。

これは何かある辞書の写しではない。私自身による記述である。必ずしも網羅的とは言えないかもしれないが主要な語義はすべて抽出した。注目してもらいたいのは主要な語義の数が少ない点である（①—④で表示）。また②と③の主たる語義にその系列に属する㋐㋑㋒などのより細かな語釈をまとめた。一般の国語辞典の語義配列は、一応の基準を設定しているものの結果的には羅列に堕してしまっていることが少なくない。語釈や用法の表示に関しては近年長足の進歩が見られるが、語義の切り分けと配列については今後に期待する部分がまだ大きい。

文法用語としての④の語義を除くと、ときの意味は①の直線、②の線分、③の点の語義に分かれてその全体が体系的に記述される。頻度的には②と③の語義が高いが、ともに①

を前提とする。①をバックボーンとしないかぎり、②と③の各語義はバラバラになってしまうだろう。それらをつなぎ止めて前後関係を固定させるためにも①の語義を先頭に配する必要がある。このような意味での先頭の語義を中心義と呼ぶ。②や③の下位類についても主要な語義（ア）を最初に置く。

†多義語の記述法に伴う思想

右のような意味での体系的記述の詳細はここでは述べない。ただ一般的な辞書の語義記述法が『広辞苑』の歴史順（古い語義から順に並べる）と『新明解』の頻度順（現代的観点から頻度の高い語義から順に並べる）に代表される点には少し触れておこう。先にも述べたように、これらの原則を貫くのはそれぞれ困難があり、結果的にはしばしば語義の羅列に近づくのはやむを得ないのかもしれない。それだけ意味のまとまりを体系的に記述するのは一般的に難しい。理論と実践が必要だ。

これはひとつの見出し語が複数の語義をもつ多義語に関して生じる問題である。外国語についても同様だ。たとえば英語の辞典はどうなっているだろうか。*The Oxford English Dictionary*（オックスフォード英語辞典）は意味のまとまりにも配慮しつつ歴史的な語義配列を行った代表的辞書である。『広辞苑』や『日本国語大辞典』（小学館）はこれに範を求めたのだろう。他方近年の英和辞典は、主にイギリス系の学習辞典を参考にして頻度順の語義配列を謳う。

しかしいずれの編集方針を採るにせよ、現時点に立って多義語の記述を通観すると意味のまとまりに欠けるという弱点が目につく。歴史的な記述では長い年月の間に意味がしばしば大きく変化する。その筋道を把握することは一般読者にはふつう容易ではなく、また廃棄された語義が先頭付近にあって求める語義にたどりつきにくい。他方頻度順の語義配列は、なるほど必要とする語義にすばやく達する確率は高まるが、全体的な意味のネットワークは破断してしまう。

では第三の記述法はないのか。『英語多義ネットワーク辞典』(小学館)は、見るべき先行辞書もない中で十年の歳月をかけて完成された世界初の英語の多義語辞典である。見出し語数一四二七語。より汎用の辞書としては『プログレッシブ英和中辞典』(五版、小学館)が旧版を全面改訂して、とりわけ多義語の記述を一新した。中心義を先頭に置く。私は両辞典にかかわった。

先のときの記述は英語の多義語の記述法を応用したものである。振り返ると、主要な語義は時間とときでそれほど大きな違いはなさそうに見えるが、ときは派生的な語義が豊かに展開する。たいていは日常への浸透度が高い。他方時間は翻訳語として成立したという背景から派生的には科学や哲学方面の意味を担う。

しかしこれはあくまで辞書（的）記述の範囲内のことである。時間とときの比較はこの後その範囲を大きく超え出て、文化・社会的問題に広がっていく。最終的には人の生き方の選択ともつながるだろう。だがこの章ではことばに密着した観察をもう少し続けたい。

†コロケーションとコーパス

コロケーションは日本語では連語と称し、語と語の慣用的な結びつきやすさを意味する。またそのようにして結合された表現を指す。有用なコロケーション情報を得るには、現在ではコーパスによる調査が必須である。コーパスとは単なる電子テキストではなく、現在の国語の実相を反映させるべく集められたバランスのとれたデータを基にして、各種の文法的タグ（マーカー）などを付して検索に便利な形に整えられたものをいう。コロケーションは通例このようなコーパスデータに基づいてその頻度などが客観的に得られる。

たとえば濃いコーヒーはふつうの表現だが、強いコーヒーは日本語の慣用的なコロケーションではない。逆に英語では strong coffee が通常の結びつきであり、thick [dark] coffee では意図する意味が伝わらない。コロケーションはイディオム（熟語）ほど固定せず、ある程度の許容範囲があるのがふつうである。時間とときの意味の違いもコロケーションを手がかりにして意外な事実が明かされる可能性がある。

コロケーションの重要性を知るために実例をもう少し見よう。たとえば「きっぱり(と)」はどのような動詞を修飾するだろうか。読者にも少し考えてもらいたい。日本語の母語話者なら頭の中にコーパスに近いものをもっているからである。一例として「きっぱり(と)賛成する」という表現はどうだろうか。頭の中の言語野に蓄えられたデータと突き合わせてみるとどことなく変だという反応が得られるだろう。では「きっぱり(と)断る」や「きっぱり(と)拒否する」や「きっぱり(と)否定する」というコロケーションはどうか。まったく問題なさそうだ。ということは「きっぱり(と)」は拒否・否定系の表現と相性がよいとわかる。

辞書の定義では「言動や態度が断固としていて明快であるさま」(『広辞苑』六版)や「相手に、弁解・弁明の余地や誤解のおそれを与えないように力強く明瞭に自分の意志を表明することを表わす」(『新明解』五版)とある。副詞の記述は内外を問わず辞書の弱点のひとつであり、右の語釈はいずれもなぜ「きっぱり(と)賛成する」がおかしいのかを説明できない。もっとも『広辞苑』の「断固として」という記述は部分的には悪くない。

では辞書で挙げられる「きっぱり(と)別れる」はどうか。別れること自体は必ずしも拒否・否定とは言えないかもしれないが、きっぱり別れるのは一線を画した不退転の気持ちを表す。復縁の可能性を絶つ。また「きっぱりとした態度（をとる）」でも、前提条件が整わなければいつでも拒否・拒絶するぞという妥協なき厳しい姿勢を背後に示す。

辞書記述だけではわからない例をもうひとつ挙げよう——原因。すべての事象にはその原因があると考えれば、何を対象としてもその原因を問えそうだ。しかしことばの実情はそうではない。失敗の原因や事故の原因はすんなり受け入れられるが、幸福の原因やうれしさの原因は大いに違和感があるだろう。

簡単なコーパスで検索してみても幸福の原因は一例もヒットしない。辞書が「ある物事を引き起こすもと」（『広辞苑』六版）と中立的な立場を示すのは言語実態を反映しない。原因はよくない事の方に大きく傾斜するからだ。その証拠のひとつとして死亡の原因を死因と表現したり、事故の原因を事故原因と縮める表現が広く定着していることを挙げよう。よく用いられる言い回しは一般に形が短縮されて意味的に凝縮される。もともと耳慣れない幸福の原因を幸福原因と短縮することはまずありえない。

同じことは英語の cause（原因）にも当てはまる。やはりよくない出来事の原因をいう。*The British National Corpus*（The BNC）で the cause of ~（~の原因）のコロケーションを検索した結果を頻度順に表2に示そう。第一位から第十位までみごとに好ましくない出来事が並ぶのがわかるだろう。今後の辞書編集は優れたコーパスの構築とその組織的な活

1	problem	（困った問題）
2	accident	（事故）
3	fire	（火事）
4	crash	（衝突）
5	disease	（病気）
6	explosion	（爆発）
7	trouble	（トラブル）
8	decline	（衰退）
9	delay	（遅れ）
10	illness	（病気）

表2　the cause of the 〜のコロケーション（頻度順）

用が欠かせない。かつて一四五万枚の用例カードを収集した見坊は辞書になった男であるのはもちろん、コーパスのない時代に事実上のコーパスを手作業で作った男でもあったのだ。

†時間とときのコロケーション

少し遠回りをしたが、時間とときのコロケーションをいくつか見よう。まずどちらも使えて意味も近い例がある。

時間がたつ。
ときがたつ。

先に述べたように時間とときの響きの差を別にすると、右の二文はほぼ同義に思えるかもしれない。しかし微妙な響きの違いはしばしば意味の違いに基づく。まず右の用例中の

「たつ」の意味を検討しよう。この文脈ではふつう経つと書くが、立つと経つはもちろん一続きと見るのがよい。根幹のみ示せば、①立ち上がる動作、②立っている状態、③立ち上がって何かある行為に向かうこと、に意味展開する。立ち上がれば自然と目に立って見え（つまり目立つ）、活動と結びつきやすい姿勢となる。比喩的には市が立つ、香りが立つ、風立ちぬ。比喩でなくともヤクザが立ち上がると何かと物騒だ。

③の意味をより明白に示す例は旅に立つという言い方だろう。出立の準備をして旅に出るまでを意味する。旅に立つは短く旅立つと言い、名詞形の旅立ちも慣用化している。動詞形では先立つ、巣立つ、連れ立つ、飛び立つ、名詞形では巣立ち、ひとり立ち、一本立ちなどがこの仲間である。いずれも立ってその先に一歩進む。

旅に立つ、旅立つ、旅立ちは一連のものだが、和語の旅に対応する漢語の旅行ではどうだろうか。旅行に立つはやや座りの悪い表現であり、自然なコロケーションは旅行に出発する。もうおわかりだろうが、必ずしもではないものの和語と和語の連鎖（旅に立つ）、漢語と漢語の結合（旅行に出発する）が一般に好まれる傾向にある。旅行に立つは漢語＋和語のつながりなのでやはり少しぎくしゃくした感じが残るのではないか。コロケーションとは語と語の親和性と言い換えてもよいかもしれない。もちろんその背景にはことばの長い生い立ちがある。

では改めて時間が経つ（たつ、立つ）ととき（時）が経つ（たつ、立つ）を比べよう。ときが経つですぐに思いつく言い回しは、ときが経つのは早い（ものだ）だろう。含みのある表現である。部分的には「ときの花」の暦のときでもあり、「将軍綱吉のとき」の時代のときでもあろう。時間にはこの種の意味の弾性はない。

実際の用例を眺めてはじめて気づく違いもある。正確な集計の結果ではないが、時間とときとでは、それが経つのを忘れて何かをするときに、何をするかに差が出るように思える。次の例はその典型ではないか。

時間が経つのを忘れてゲームに熱中した。
ときが経つのを忘れてくつろぐ。

次の例も比べよう。

彼女と音楽の話題で話をしていると時間の経つのを忘れてしまう。
白い砂丘を眺めてのんびりしているとときの経つのを忘れてしまう。

微妙な差なので異論があるかもしれないが、右の例で時間とときを入れ替えると、少なくとも私にはしっくりとこない。時間が経つのを忘れるときは何かに夢中になっているとき、ときが経つのを忘れるのはゆっくりくつろいでいるとき、という差が典型的には生じるのではないか。

さらに次の表現を比較しよう。

悠久の時間。

悠久の時。

悠久は漢語なので同じ漢語に相当する時間とのコロケーションはよいはず。ところが実際は悠久の時の実例の方が三倍近く多い。これはどういうことか。まず悠久の音「ユウキュウ」はどちらかというと和語の響きに近い。確かに悠久の昔、悠久の流れ、悠久の彼方のように和語との相性はよい。また悠久の流れは大河のゆったりとした運びを連想させる。悠久の時はこのような言語環境から意味的養分を吸収した。一つひとつの語はそれぞれの生態的地位をもつと考えるべきだろう。エコロジー（生態学）の比喩はことばの意味を考えるうえでしばしば有効である。いや比喩というよりも、ことばと人間の関係を考えると、それが実態に近いのかもしれない。

ここまで時間が経つとときが経つを中心に見た。どちらも可能であっても微妙な意味の違いがあることがわかった。ここでは述べないが流れる、過ぎる、止まるなどでもこのことは確認できるだろう。

なお和語の経つを漢語の経過に置き換えると、時間の経過とときの経過のどちらも可能だが、短縮形の時間経過がノーマルなのに対して、とき経過とは言わない。また時間の経過と時間経過を比べてみると、時間経過は時計で時間を計測している感じが強く出はしないか。時間という概念は明治初期に西洋時計という道具とともに導入されたことも考え合わせるべきだろう。のんびりとしたときは次第に背後に追いやられて、機械で計測される時間が前面に押し出されるようになった。遅刻の概念もこのころ誕生したらしい（橋本毅彦・栗山茂久編『遅刻の誕生』三元社）。

2　時間の意味——計量されるもの

†漱石と近代の時間

日本に新暦（太陽暦）が導入されたのは明治六（一八七三）年である。このとき分や秒の新しい語彙も生まれた。教育面では寺小屋方式から定時に始まる学校制度へと移行した。小学生の教科書にはじめて時間（ただし時間割の意味）ということばが現れたのもこの年である（『小学読本　巻一』）。

ひとつの新しいことばの移入は、ふつうその背景にある文化・思想を引き連れてくる。では時間とともに何が導入されたのか。それは計量思考。先に触れた遅刻の概念もその系統のひとつだ。それ以前の寺小屋では適当なときにやって来て課業が終われば帰るというのが常態だった。いまでも習字教室などではこの方式が部分的に受け継がれている。

漱石の『吾輩は猫である』を読み返すと、確かにいまとあまり変わらない気ぜわしい場面もあるにはあるが、全体を流れる時間はおおむねゆっくりとしている。迷亭《めいてい》がその場にいる苦沙弥《くしゃみ》先生と寒月《かんげつ》にあるエピソードを開陳する。その冒頭、知り合いの越智東風《おちとうふう》から「参堂の上是非文芸上の御高話を伺いたいから御在宿を願う」という手紙が来たと言う。文学上のアドバイスが欲しいので在宅していてほしいとの依頼だ。文学談義はお手のものの迷亭は「朝から心待ちに待っ」たがなかなか来ないうえ、「昼飯を食って」ストーブの前で読書をしていてもまだ来ない。そのうち「晩飯になったから（……）東風が来たら待たせて置けという気になって」散歩に出かけた。その途中ちょっとしたことがあってうちに帰ると東風はまだ来ていない。代わりに事情があってその日はいけなくなったとの葉書が届いていた。

エピソードの中心は別なところにあるが、ここで問題にしたいのは東風と迷亭の時間感覚であり、また話を聞いている苦沙弥先生と寒月とそれに吾輩の時間意識である。人の家を訪ねていくのなら今日の常識では何時と時間を指定するものだろう。いっこうにその気配がない。高等遊民の迷亭は差し置いても、猫の吾輩も何ら不審としない。

それだけではない。苦沙弥先生宅にやって来る他の連中も、誰一人として前もっての約束などすることなくいきなりどやどやと座敷に上がり込んでくる。またこれに奥さんも別段いやな顔ひとつ見せず、吾輩の批判の鉾先もここに向くことはない。夜半の泥棒が無断で押し入るのは商売柄仕方がないが、のちにそれが捕まったという知らせで盗品を受け取りに出向く先生が学校を簡単に休んでしまうのも、今日の基準からするとあまりにも豪胆だ。この小説が発表されたのは明治三八（一九〇五）年から三九年にかけての雑誌『ホトトギス』の誌上だった。おそらく近代的な時間概念への過渡期の一面を示すのだろう。

その証拠のひとつとして「それから約七分位すると注文通り寒月君が来る」の一文を引こう。七分というやたら細かな数字もこうしてたまにでる。時間にうるさいのか鷹揚なのか。その一方で苦沙弥先生が警察に盗品の品受けに行ったときは、言われた通りに朝の九時ごろに出頭したはずが十一時まで待たされるはめになる。悠長なものだ。しかし悠長なのは実のところどちらかわからない。先生は「三時間も待たされて」腹立ちを隠さないが、九時から十一時までなら待ち時間は二時間のはず。しかもその間「待っているのが退屈だから」と言ってその近辺の散歩に出かけて吉原まで足を延ばし、珍品と称する油壺もどきまで手に入れてくる。実際に警察で品受けをしたのは何時だったのかしら。

†時間概念の発達

さて漱石は『吾輩は猫である』の中で二十九回時間ということばを使った。その約半分（十四例）は一時間、二時間などの時間の単位を表す用法で、時間の一点としての時刻の意味の時間は五例ある。また「長時間のあいだ」の時間は線分としての時間でありこの類が六例見える。残りの四例を左に書きだそう。

①少々時間がかかります。
②時間を潰す。
③大切の時間を半日潰してしまった。
④時間のたつのが遅い。

まず全体的な印象を記すと、意外と時間の表現幅が狭い。これは時代的制約のためなのか、それとも漱石の表現技量のせいなのか。もちろん後者じゃない。『吾輩は猫である』はまさにことばの奔流。沸き立つ言辞、渦巻く饒舌、談論風発とどまるところを知らず風刺と諧謔のしぶきをあげて一気に流れ下る。どのページを開いても表現技法の宝庫であり、豊かな修辞に富む。時間の表現にやや不足を感じる点があるならば、それは時代のせいだろう。

この点はほぼ同時代の、そして漱石作品の中で同じく最初期に属する『坊っちゃん』でも同じだ。作品そのものは別の味わいがあるが、時間に関しては右で述べたこと以上の見るべき表現はとくに見当たらない。もちろん後の作品ではもっと豊かな時間表現が見られる。少し『こころ』から例を拾うと、時間が惜しい、時間に余裕をもっている、時間を奪われる、時間を省く、時間を惜しむ、時間を盗むなどなど。これ以上の深入りはしないが、この筋を丹念にたどれば時間概念の発展がある程度跡づけられるだろう。漱石作品におけるその深化と時代的な変遷拡大の二つの位相において。

では①から④を個別的に見よう。

①少々時間がかかります。

時間がかかる、時間のかかるは今日では当たり前の表現だが、明治ではまだかなり鮮度の高い比喩表現だったろう。かかるは掛かるであって、時間が掛かるは計量思考を表すメタファーのひとつである。他動詞形は掛ける。次の三つの表現を比べよう。

枝に羽衣がかかる。
肩に負担がかかる。
行為にお金がかかる。

次第に意味が抽象化するのがわかるだろう。〈AにBがかかる〉の枠組で考えれば、一番目はAが枝でBが羽衣でともに具象物。二番目ではAが肩で具象物でありBが負担で抽象物。最後はAが行為の抽象物でBのお金もかなりな抽象物(札や硬貨は具象物だがお金そのものはまだ抽象性も保つ)。ある行為をするのにお金・人手などが必要となり、時間もそのひとつに加わる。お金・人手が計量されるように時間も計量されると見なす。①はこのような意味ネットワークの中で成立する表現だ。

†時間を潰すと kill time

②と③は基本的に同じに見える。

②時間を潰す。
③大切の時間を半日潰してしまった。

②は現代にも通用するイディオムである。『日本国語大辞典』で漱石の②が引用されるところからすると、②はこの表現の初出例である可能性が高い。もちろんメタファーだ。潰すとは一般に明瞭な輪郭のある個物に外圧を加えて形を崩すこと。食肉用の動物を対象とするなら殺すも意味する。鶏であれば一羽の鶏を鶏肉に変える過程だ。一羽の鶏なら輪郭がはっきりするが、鶏肉になれば形が崩れて一単位《ユニット》分がわからなくなる。英語ならa chicken（一羽の鶏）からchicken（鶏肉）への質的変化であり、文法的には可算名詞から質量名詞（不可算名詞）への転換に相当する。

漱石は周知のように英文学者であった。当然英語のイディオムkill timeは知っていたはず。それを時間を潰すと表現したのは適切である。空いた時間を無益なことをして過ごす。暇を潰すとも言う。茹でたじゃがいもを潰すと一個の形が崩れて平らになる。問題点を一つひとつ潰すと出っ張りがなくなって平たくなる。これと同じように時間を潰すと（余った）時間のまとまりがなくなってしまう。これは鶏を潰す行為とも手を結ぶ。意味の緊密なネットワークが見えるだろう。

時間を潰すに対してときを潰すとは当時も今も言わない。これは先に示唆したように、時間には計量思考がまとわりついているためである。根本には以下のような対立がある。時間がある／ないとは言うが、ときがある／ないとは言わない。時間は明治の初期に導入されて以来、計量思考に従うことが運命づけられた。時間があれば一時間、二時間と計量され、あるいは分と秒に刻まれる。時間は余ることも不足することもあるが、ときが余ったり足りなくなったりすることはふつうない。

②と③について少し補足しよう。②の文脈は次の通り。

②´人間というものは時間を潰すために強《し》いて口を運動させて、可笑《おか》しくもない事を笑ったり、面白くもない事を嬉しがったりする外に能もない者だと思った。

これは吾輩の意見であり、人間はおしゃべりをして時間を無益に過ごすという意味である。他方③は苦沙弥先生が例の警察署へ出向いた際、すぐに応対してもらえなかったので結局時間を半日無駄にした場面。時間を棒にふった、損をしたという感じが前面に出る。大切の時間と時間を限定し、時間を潰す量を半日と明記する。②より③の方が計量思考がより鮮明である。

†計量思考の支配

④については関連することにすでに触れたが、次の二つの表現には実は極端な頻度の差がある。どちらが第一感として頭に浮かぶだろうか。

時間の経つのが遅い。
ときの経つのが遅い。

これもいかにことばが精妙にできているかをよく示す。Googleの検索では前者の時間が六八三九件、後者のときがわずか七〇件（二〇一六年十月十六日）。約百倍の落差である。これが驚くべき結果であることは、右の例の遅いを早いに取り替えた表現、つまり「時間の経つのが早い」と「とき（時）の経つのが早い」とではほぼ頻度数が同じであることからも窺えよう。なぜか。理由は推測できる。しかしその前に、読者の頭の中でこの言語事実を確かめてもらいたい。なるほどそうだと首肯できるだろうか。私たちの頭の中の言語データは、頻度に関しても敏感に反応するはずだ。

　理由はこうだろう。時間の経つのが遅いと感じるのはどういう状況かを考えてみる。何かをじりじりとした思いで待つときだ。何度も時計に目をやる。時計の針は遅々として進まない。時間の経過が遅いと感じるとき、私たちは主に時計による計量思考の支配下にある。これが同じような表現でありながら約百倍の頻度差を生む原因になったのではないか。逆に時間／ときの経つのが早いと感じるときは、計量思考による束縛はそれほど強くないように思われる。

　時間／ときが経つという表現では、元々ときが有していた領域に次第に時間が侵入を企て、とりわけ計量思考が容易なところでは時間がどんどん実権を握るようになった。これが実情に近いのではないか。『吾輩は猫である』のわずか三年後の『三四郎』（一九〇八年）ではすでに次のような一文に出会う。

　　大切な時間を浪費させる

時間を浪費する/させるは今日では平凡な表現になってしまったが、右はそれの初出例である可能性が高い。これはより洗練度が増した計量表現である。詳細は以下で述べるが、時間はこのようなプロセスを経てしだいに西欧的な計量思考を体現する概念となって私たちのことば=思考に浸透してゆく。

3 「時は金なり」は「時間は金なり」?

†時は金なり?

ここまでの検討からして、時は金なりという格言・諺は腑に落ちないところがある。時間は金なりと言うのが筋だったのではないか。もちろん意味的に考えてということで。お金は計量思考の最たるものであり、時間との親和性はきわめて高いはず。にもかかわらず、時間は金なりは定着を見ず、時は金なりが人口に膾炙した。これはなぜか。

主な理由は音だろう。時《とき》と金《かね》はともに和語であって二音節。時は金なりの連鎖の中で、前半も後半もともに二拍で全体の口調がよい。前半に音読みで三音節の時間を持ってくると、調子が乱れて語呂が悪くなる。

音が意味より優先される現象は決して珍しくない。たとえば短気は損気。損気という単独の表現はないだろう。短気との韻を整えるためにのみ成立する言い方である。意味だけを考慮するなら短気は損（なり）で十分だ。

こうして時は金なりでは時が時間を凌駕して定着を見たが、この格言がこの形で受け入れられるにはなおいくらかの紆余曲折があった。そもそもこれはTime is money. の翻訳として移入されたのだから、訳者の思いで訳文に異同があるのは当然だ。

福澤諭吉は「時は即ち金に同じ」（「西洋事情 二編」（一八七〇年）、『福澤諭吉著作集 第一巻 西洋事情』慶應義塾大学出版会）と記し、Samuel Smiles の *Self-help*（一八五九年）の翻訳『西国立志編』（中村正直訳、講談社学術文庫、初版は一八七〇〜七一年）には「光陰は銭《せん》財《ざい》なり」とある。言うまでもなく光陰は月日のことであり時の意味。また『仏蘭克林金言玉行録』（Robert Chambers 著、山田邦彦訳、一八八四年）という時代がかった書名の本（仏蘭克林はフランクリンと読み、金言玉行録とは要するに言行録のこと）の付録には「時は貨幣なり」が見える。

右のフランクリンはベンジャミン・フランクリン（Benjamin Franklin）でアメリカ建国の父のひとり。財をなし資本主義の精神を体現した。Time is money. はフランクリン作と目される。新しい国造りを急ピッチで進める明治政府は、小学校の修身（いまの道徳）

の教科書にダゲッソーという人物の逸話とともにこの格言を取り入れた。

ダゲッソーといふフランス人は、きりつのただしい人で、正午になると、すぐに、しょくどーに行きました。をりをり、しょくじのよーいができてをらず、またせられることがありましたから、後には、筆と紙とをしょくどーにそなへておき、まってゐる間に、かんがへついたことをかきしるしておきました。それが、つもりつもって、十年のうちに、りっぱな本になりました。これは、時を重んじたからであります。

時ハカネナリ

†最強のメタファー登場

これは国定第Ⅰ期『尋常小学修身書 第四学年』（一九〇三年）からの引用。このころから時は金なりの形式が定着したようだ。

次にその意味を考えよう。時は金なりとはそもそもどのような意味だったのか。右の修身書にはその解釈の一端が見える。すなわち寸暇を惜しんで刻苦精励すれば成功して富貴が得られるというものだ。『三四郎』から先に引用した「大切な時間を浪費させる」もこの理解につながる。つまり時間はお金のように大切であり、お金を浪費するのと同じように時間を浪費するのは愚の骨頂であると。これは今日の私たちの思考の一部でもあろう。しかしこの解釈はやや日本的なものである可能性を否定できない。ではオリジナルなタイム・イズ・マネーの意味は何だったのか。フランクリンは「若い商人への忠告」(一七四八年)という小文の中で次のように述べる(私訳)。

時は金なりを忘れるな。一日の労働で十シリング稼げる者が半日遊びに出かけるか家で無為に過ごすかすれば、その間六ペンスしか使わなくても出費はそれにとどまらない。半日分の稼ぎ五シリングも実際には消費した(と言うより放棄した)ことになる。

これに続いてフランクリンは「信用は金なり」「金は子を多く生む」などの忠告を挙げた。全部で八カ条のアドバイスは二語に集約できる——勤勉と倹約。つまり時間とお金を浪費せず、両者を最大限に活用すること。これが富に至る道だという。

ここに功利的な近代資本主義の精神《エトス》を読み取ることはむずかしくない(ヴェーバー『プロテスタンティズムの倫理と資本主義の精神』大塚久雄訳、岩波文庫)。利潤を求める計量思考の中に時間が搦めとられることになる。もちろん時間を浪費することを諌める教えは、のちに見るように古典時代にも少なからず見出されるが、これを〈時間はお金〉というメタファーで直接的に時間とお金を結びつけたのはフランクリンが最初だったかもしれない。

日本の修身の教科書の中でこの解釈の焦点が多少変わっても、〈AはB〉の形式に要約される〈時間はお金〉のメタファーは、その後世界の多くの地域で時間についての思考を強力に誘導することになった。しかし〈AはB〉のメタファー形式についてはなお理解を深めるべき点がある。

†メタファー理解のプロセス

〈時間はお金〉は頭の中で時間とお金を直接結びつけたものである。先に述べたように、〈AはB〉のAは喩えられる概念でBが喩える概念。AとBとの間に類似関係が成り立つ。多くの個々のメタファー表現はこの〈AはB〉から生み出されるので、今後〈AはB〉を親メタファーと呼び、そこから産出されるメタファーを子メタファーと呼ぶ。

〈時間はお金〉は親メタファーの役割を果たす。時間を浪費する、などの子メタファーがそこから数多く派生する。〈時間はお金〉に従って、お金を浪費するように時間を浪費するという関係が成立するからだ。同じく次の表現と〈時間はお金〉との間に親子の関係が想定できるだろう。

時間を使う。
時間を節約する。
時間を浪費する。
時間がかかる。
時間がなくなる。

これらはすべて次の表現を素材とする。

お金を使う。
お金を節約する。
お金を浪費する。
お金がかかる。
お金がなくなる。

この関係を図示すれば図5のようになる。

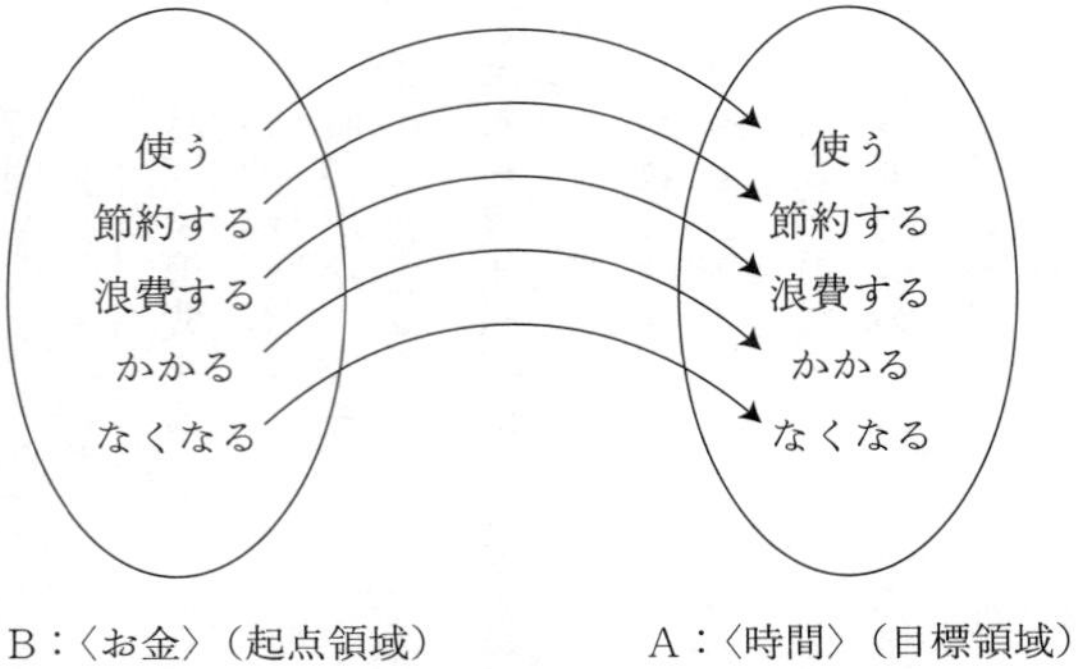

図５　〈時間はお金〉のメタファーの仕組

Aを目標領域と呼ぶ。そこには確立した本来の表現がない。そこでBに表現を求める。Bを起点領域と呼ぶ。表現素材を提供する側だ。AとBとの間に言わば関数対応が成り立つ。Bの値の変化（使う、節約するなど）に応じてAの値（使う、節約するなど）が定まるという関係である。

Bの表現は例示したものに限らない。たとえばお金を稼ぐに対応して時間を稼ぐと言う。お金を得した／損したに合わせて時間を得した／損したと表現できる。昨今のマネーゲームではお金を買うことも日常化し、それに応じて時間を買うと言うことも珍しくない。高速の乗物を利用する場合などに使う。新しい状況に応じて〈時間はお金〉の親メタファーから新たな子メタファーが生じる。

†うまく対応しない場合

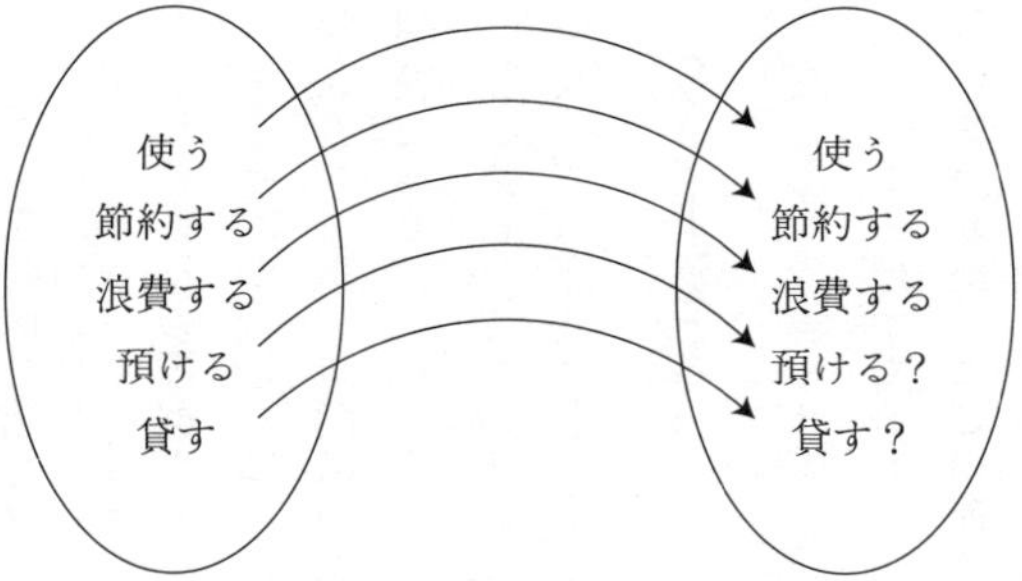

図6　〈時間はお金〉が必ずしも成立しない場合

右の説明はこれで明快だと思えるが、問題がないわけではない。三点指摘しよう。

第一に、起点領域と目標領域の対応は完全ではない点。親メタファー〈時間はお金〉から生じる子メタファーは広範囲に及ぶ。それは表現素材としてのお金の概念が現在広く分布するからである。かといってお金のすべての概念が投射されるわけではない。たとえばお金を預けるとは言うが、時間についてそれに類似した表現はない。この部分的対応（図6）の問題は宿題としておこう。

第二に、次の表現を考えよう。

大切な時間。
時間は大切だ。

これは子どものときから何度も聞かされた教えで、

すでに取り上げた表現の一部でもある。貴重な時間、時間は貴重だなどに置き換えてもよい。これを時間の親メタファー〈時間はお金〉の観点から見るとどうなるだろうか。大切なお金のように大切な時間、お金が大切なように時間も大切だと解釈されるだろう。しかしこれが唯一の理解だろうか。

古来時間が大切なことは洋の東西を問わず繰り返されてきた。その背後にはつねに同じ親メタファー〈時間はお金〉が潜んでいたのだろうか。これは五章で改めて考える重要な問題である。

第三点はメタファーの光と陰である。これは右の二つの点とも部分的に重なるが、ここで改めて重点的に取り上げたい。具体例で説明しよう。

†メタファーの光と陰

たとえば議論とは何か。すぐに明解な答えは出ないだろう。議論は抽象概念なので文字通りのことばがないからだ。答えるにはメタファーに頼らざるをえない。ではどのメタファーを選ぶか。ここが運命の分かれ道。説明のために二つの親メタファーを示そう。

〈議論は戦争〉

〈議論は建設〉

〈議論は戦争〉はどのような思考経路と表現を生むだろうか。戦争だから敵と味方に分かれて敵をやっつけて味方を勝利に導く。そのための戦略と戦術を練る。味方の防御も考える……。類語である討論、討議、論戦、論争などはいずれも明治に入ってからの用語だが、これらの語にはすでに〈議論は戦争〉のメタファーが組み込まれていた。論戦の火ぶたが切られれば議論を戦わして敵を討つことを目指す。相手への思いやりなどは論外となる。

では〈議論は建設〉の場合はどうだろうか。家やビルなどを建てるには複数の者が材料を集めることからスタートしなければならない。土台を固めて柱を立てる。ひとつの構造物を順序よく築くには互いの協力が欠かせない。共通の目標は最終的にひとつの物を完成させることだ。議論が終わった時点でともに満足できる成果が得られればよしとする。

右の例示から何がわかるだろうか。まずメタファーは単なることばの問題でないこと。これはすでに指摘した点だが再び強調したい。メタファーはしばしば思考の原点であり、私たちの行動までも統率する。議論に臨むとき、戦争のメタファーと建設のメタファーのどちらを選択するのか。これによって反目か協力かの大勢が決まるのだ。戦争のメタファーを選べば相手を打倒することが目的化するだろうし、逆に建設のメタファーに基づけば一致協力してひとつの成果を目標とすることになる。

図7に示すように、メタファーは思考の暗闇に明るいスポットを当てる。メタファーによって照らされる部分が私たちの思考範囲となる。スポットの当たらない部分は闇に沈む。戦争のメタファーは議論の闘争的側面を照らし出してその協力面を闇に沈める。建設のメタファーは議論のまた別の面を明るみに出す。知恵を出し合う協調面にスポットを当てて争いの側面を闇に置く。

一般にメタファーは部分的である。ある領域をあまねく照らして全貌を明らかにすることはない。なんだか不公平のようだがメタファーにできるのはこれが精一杯だ。というのもメタファーの助力がなければ、その領域のすべてが闇に閉ざされたままとなるからである。メタファーは知を拓く装置だと考えよう。

ではメタファーの光と陰による偏向を正す方法はないだろうか。それはスポットライトが照らす範囲を拡充することと、もうひとつはそのライトの数を増やすことである（図8）。いずれの方法も領域の陰の部分を後退させることに貢献する。

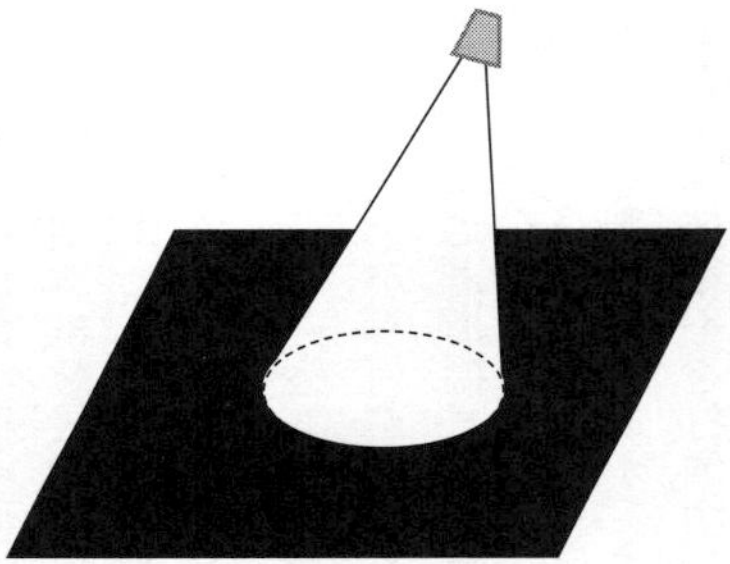
図7　メタファーの光と陰

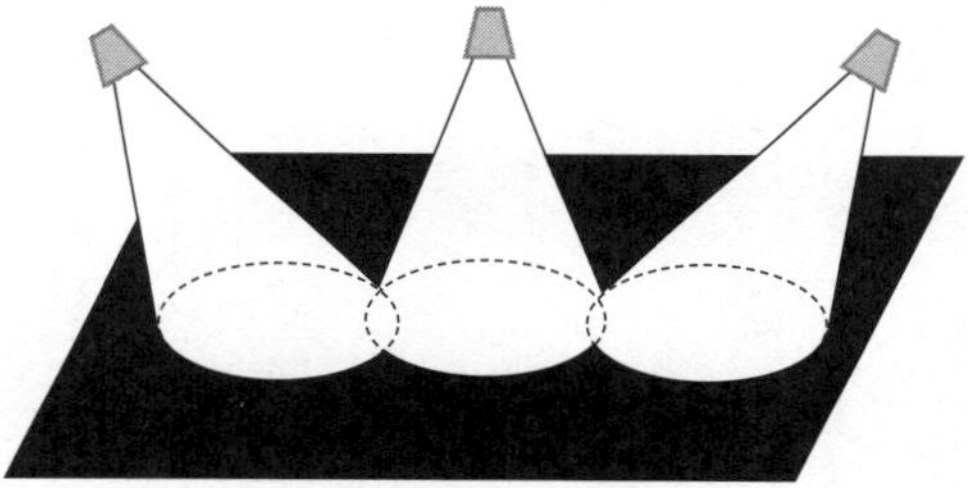

図8　複数のメタファーの光と陰

スポットライトの数を増やすとは、議論の例に戻すと戦争のメタファーと建設のメタファーを適宜併用すること、あるいは新しい親メタファーを導入することを意味する。激しい論戦が膠着状態になったとき、ふと別の視点から建設的な意見を述べることによって一気に事態が動くことがあるだろう。いわば相手とともにウィンウィンの関係になって互いに満足が得られるような解決に導く。

本書では踏み込まないが、メタファーの光と陰は科学の進展にも数多く見られる現象である。旧聞に属するとはいえ、トーマス・クーンは科学史におけるパラダイム・チェンジを唱えた（『科学革命の構造』中山茂訳、みすず書房）。科学の発展は一直線上を連続的に伸びるのではなく、たとえばニュートン力学から量子力学への発展はそれまでの学問体系を一変させる劇的なものであったことを明らかにした。

その状況は本書の用語では、親メタファーの体系ががらりと音を立てて変換されたととらえ直せるだろう。以前とは異なる闇を照らす強力なスポットライト（それはそれまで照らしていた部分もふつうカバーする）を手にしたのだ（瀬戸賢一『メタファー思考』の第三章第三節「メタファーと科学」を参照）。

†「時間に追われる」の「時間」とは？

この章では時間とときの意味を求めて、両者の主要な親メタファーに肉薄した。その中心のメタファー素材は次の二つである。

一方向への進行（流れ）

お金

ときは一方向への進行（流れ）と親和性が高く、時間はお金との結びつきが強い。時間は明治の導入期にすでに計量思考とともに歩み始めた。時計の普及によってその傾向は一層強まった。そして計量思考を促すもうひとつの要素はお金である。タイム・イズ・マネーの格言が翻訳を通じてこれを後押しした。

しかし時間はお金の概念とのみと結合するのではない。流れとも結びつく。またときも流れのメタファーのみに依存するのではない。定着した表現から判断しても時は金なりでもあった。ときにもお金のメタファーが影響する。
次に考えるべきは、右の二大親メタファー以外に時間とときのメタファーが存在しないのかどうかである。たとえば次の表現はどうか。

時間に追われる。

これは受身文なので、能動文に直すと、時間が（人を）追う、となる。この文もメタファーだがその種類は何だろうか。文字通りの追うとは、追う行為をするもの（行為者）が逃げる対象をつかまえる目的で追いかけること。猫が鼠を追っても警官が泥棒を追っても、とにかく追手は有生のもので逃げる対象を追わなくてはならない。
このようなイメージに合う時間とは何か。時間が追う行為者で、人（私など）が追われる対象だ。これは一方向へ進行する時間でもなければ、お金としての時間でもない。メタファーの光と陰を思い起こそう。メタファーは照らすと同時に隠す。ときと時間の二大親メタファーが照らす領域は広いが、まだまだそれによって解明されない陰が残っているということである。

ではときと時間のことばの範囲をもっと広げて、実際の表現に基づいてその意味をさらに探ってみよう。

第三章
時間経過の認識論

ルネ・マグリット「貫かれた時間」Time Transfixed
©ADAGP,Paris&JASPAR,Tokyo,2017 G0780

先に時間は未来から過去に向かって流れ、私たちは過去から未来へ向かうと述べた。ただ、読者にはまだ釈然としない思いが残っているかもしれない。この章では、さらにことばの使用の分析を通して私たちが暗黙のうちにどのような時間認識をしているかを明らかにしたい。

1　哲学者たちは時間をどう思索したか

これまで時間について深く考えた人は多い。ふと立ち止まって過ぎ行くときに思いを馳せなかった人はむしろまれだろう。山頂からあるいは河岸にてあるいは病床において。そのとき人はみな多少なりとも哲学者になる。まず先人の思索に少し耳を傾けよう。目的はあくまで時間がどのように認識されてことばに託されたかを確かめることである。

†アリストテレス

まず西洋の学問の祖、アリストテレスから。おもに『自然学《フィジカ》』の第四巻第十章から第十四章が時間《クロノス》を扱う。アリストテレスと言えば思わず身構えさせてしまうかもしれないが、意外と常識的で、そしてうれしいことに時間に関する日常的な言い回しによく注意を払ってくれている。親しみがわく。

その特徴は、時間を運動と関連させて理解した点にある。運動なくして時間なし。運動《キネシス》は広い意味で変化するもの一般を含む。典型的にはある物がA地点からB地点に移動するときに時間の経過が感知される。時間とは、空間内での物の前後の動きを計測する尺度ということになる。とてもわかりやすい。

日常的な語法では、たとえば、長い散歩をすれば長い道のりを行き、長い道のりを行けば長い散歩をしたことになる。しかし、長い道のりは空間的な尺度で測れるが、散歩の長さは時間なので巻尺では測れない。もっとも、「時間の量は移動距離に比例する」ので時間と運動は切り離せない関係にある。

またこのようにも表現される。移動対象の前後関係は、時間の前後関係と相関すると。移動前の位置と移動後の位置は移動前の時間と移動後の時間に対応する。ここで重要なのは、前後という空間のことばを時間にも適用する点である。これは、たとえば、時間の量を短時間とか多年と表現するときの短や多が本来空間のことばであることと変わりない。とくに前後の表現については少しあとでより詳しく取り上げよう。

一般に、時間についてのアリストテレスの考えは、経験基盤にしっかりと根ざすものである。少し補足すると、時間が運動と連動したものと見なされた背景には天体の運動がある。ここでの運動とは主に円運動を意味した。アリストテレスが春秋や年に言及するとき、回帰する時間がおそらく念頭にあったのだろう。

時間はある種の円環であり、それは天体の（見かけ上の）円運動に明白だ。人にとってもっともわかりやすい見方ではないか。あらゆる事象は巡り巡ってまた元に戻ってくる。この周期を表すギリシア語ペリオドスは英語の period（期間）に受け継がれ、そのギリシア語の中心的な語義は「ぐるっと一巡すること」である。このような円環的な時間把握はヘレニズム文化の特色でもある。

もう一点つけ加えよう。アリストテレスは、経験基盤を重視することから当然なのだが、時間はそれを数える認識主体（意識《プシュケー》）なしではあり得ないと明言する。主体が時間を数えるのだから、意識抜きの時間は存在しえない。これは人類誕生以前にも天文学的時間が存在したという見方と相容れない。

†アウグスチヌス

次は聖アウグスチヌス（三五四―四三〇）の『告白録』。紀元をまたいで数世紀進む。放縦な生活を送った青年時代の後、三十二歳で回心し、司祭・司教の道につく。同書はこの過程の表白である。反転のバネは強く人の心を打つ。

アウグスチヌスが時間について触れるのは、永遠なる存在としての神と時間的な存在としての人間との対比においてである。有名な一節「時間とは何か。人に問われなければわかっているのだが、いざ問われると答えられない」に続けて、人間による時間認識の問題に踏み込んでいく。

アリストテレスの時間が外在的な物の運動に関連づけられたのに対して、アウグスチヌスの時間は内在的な意識に向かう。時間と存在の関係をつきつめて考えたのち、時間には過去・現在・未来の三つがあるのではなく、あるのは現在のみだと結論づける。

それでも、私たちは過去と未来についてあたかもそれらが存在するかのように語る。アウグスチヌスもそれは否定できない。そこで次の三種を認定する（第十一巻第二十章）。

①過去についての現在（記憶）
②現在についての現在（注視）
③未来についての現在（予期）

まず③から考えよう。時間そのものとしては、未来はまだ来ていないのだから存在しない。しかし、現在においてその予兆が感じとれる場合があるだろう。たとえば、東の空が白めば間もなく太陽が昇ると予想できるように。未来についての現在とはこの意味である。このかぎりで未来という時間は確かにあると言えよう。

なお、③の予期は、一般に期待と訳されるが、ラテン語の expectatio は英語の expectation につながり、ワクワクする思いとしての期待という意味ではなく、価値に関してもっと中立的な予期である。これから先の出来事の予兆を現時点で読み取ることを意味する。神的な予言もそのひとつに数えられよう。

②は今を注視すること。これも直覚や直視という訳語を目にするが、ラテン語の contuitus は目の前のものをしっかりと見守ることを意味するので注視を選びたい。

最後に①について。過去は③の未来の逆なので、すでに通り過ぎた時間はもはや存在しない。あるのは意識にとどめられた出来事の痕跡である。これが記憶。原語は memoria で英語の memory がこれを受け継ぐ。訳語に問題はないが、memoria が形容詞 memor（よく見ている）の名詞形であることを考慮すれば、記憶を回想と読み換えてみたくもなる。回想だと振り返って見るという空間的イメージがよりつかみやすくなるからだ。

他方、記憶という用語にも実は空間のイメージが宿る。アウグスチヌスは記憶を「五感から得られた無数の宝物を蓄える広々とした場所」（第十巻第八章）と表現する。このメタファーは当時すでに西洋の伝統的な表象《トポス》となっていた。さかのぼれば弁論術（レトリック）

の一部門の記憶に達する。様々な論点やトピックをしまい込む貯蔵庫と見なされた。記憶術が場所と結びつけられるのもこれと関係する。

アウグスチヌスも時間のことばにこだわる。時間が存在する、長い、短い、来る、通過する、過ぎ去る、時間の間隔、時間の中で、など。これらは、アリストテレスの場合と同じく、すべて空間のことばであり、それゆえ空間のメタファーである。右の記憶の表象とも軌を一にする。

しかし、時間について語るとき、これほどまでに空間のことばに頼っていていいのだろうか。時間は空間の一種なのだろうか。それとも時間は空間とはまったく別個のそれ独自のものなのか。このような問いは当然あってよい。これをつきつめた哲学者がいた。

†ベルクソン

彼の名はベルクソン。十九世紀から二十世紀にかけてのフランスの哲学者。主著のひとつに『時間と自由』がある。時間とは、意識に直接与えられた純粋持続(durée)だという。その正反対は空間化された時間。同書の序は、よく推敲された簡潔で濃密な文章であり、ここにベルクソンの思想のエッセンスが凝縮されている。とくに冒頭の一文は全体の要である。二つの訳文を比べよう。

①私たちは自分を表現するのに言葉に頼らざるをえないし、またたいていの場合、空間のなかでものを考えている。(『時間と自由』中村文郎訳、岩波文庫)

②自分の考えを表現しようとするとき、われわれは必ず言葉を用いる。何かを考えるとき、われわれはたいてい空間のなかで考えている。(『意識に直接与えられているものについての試論』竹内信夫訳、白水社)

邦訳の題名は異なるが原著は同一である。①と②を選んだ理由はいずれも今世紀に入ってからの訳だから。はっきり言って、どちらもよくわからない。それぞれの訳の前半と後半の意味的な関連がともにしっくりこない。②は二文に分かれているので、さらに意味関係がぼやける。原著の冒頭の一文なので、ここはもっと意味を明確にさせたいところ。③は私訳である。

③表現するにはことばが必要であり、ことばはたいてい空間思考に従う。

ベルクソンが毛嫌いするのは空間化された時間である。空間化された時間とは、たとえば、長い時間や短い時間のように、長短などの空間のことばを用いて時間を思考=表現するものである。これはアリストテレスにもアウグスチヌスにも見られた。しかし、時間は色も形もない概念なので、ベルクソンにとっては空間のことばで時間を論じるのはもってのほかなのだ。原著の冒頭は、この点につなげるために、時間に限定することなく、ことば一般についてまず述べたものである。序の第一段落の全体を私訳で示そう。

④表現するにはことばが必要であり、ことばはたいてい空間思考に従う。つまり、ことばを使おうとすれば、空間的な物と同じように個々の概念の周りに明確な境界を設けて、それらを個物として扱うことになる。このように概念を物と同等視することは、日常的には便利であり、また多くの学問の慣行となっている。しかし、空間的な広がりをまったく欠いた現象をあくまで空間のことばで理解しようとすると、そこから極めて困難な哲学的問題が生じかねない。また、いまなお論争の元となっている粗雑な空間イメージを撤廃すれば、事の決着が図れる場合もあるだろう。空間的な広がりのないものを無理に空間の用語に置き換えたり、誤って質を量に換算したりすると、提起される問題そのものの中心に矛盾が紛れ込んで、結論にもその矛盾が継承されてしまう。

読者はこの一節を読んでどう感じるだろうか。この先展開される純粋持続としての時間論以前に、これは相当に激しい言語不信の表明ではないか。時間がことばでどのように造形されるかに関心を寄せる私の立場からは、見逃せない点である。ことばはそれほど信用できないものだろうか。

④の第二文をもう一度見よう。

⑤つまり、ことばを使おうとすれば、空間的な物と同じように個々の概念の周りに明確な境界を設けて、それらを個物として扱うことになる。

空間的な個物は明確な輪郭をもっていて、他の物とはっきりと区別できる。本を一冊手に取れば本と手が接触していても境目が紛れることはない。同じく、概念を表すことばの輪郭、逆に言ってことばが表す概念の区切りも、ついつい空間的な物のようにはっきりしていると考えられがちである。

確かにベルクソンの言うことはある程度わかる。たとえば、大きな努力という表現を考えよう。努力は抽象概念なので空間的な輪郭はない。ゆえにその直径を測ることはできず、大きさを計測してほかの種類の努力と量的比較はできない。にもかかわらず大きな努力という。文字通りの大きさなんかないのに。これは概念を空間化して個物と見なす誤謬だ、とベルクソンは指弾する。

†ベルクソンの言語不信

この見方には問題点が少なくとも四つある。

第一に、ベルクソンが論難する対象は時間などの抽象概念なのだが、空間内の具象的な物（およびそれを支える概念）であっても、必ずしも境界が明確でないものが多数ある。ごく身近なところでも山や川の輪郭はそれほどはっきりしない。山裾はどのあたりまで広がり、川なら上流はどこまでさかのぼり、河口はどこで線を引くのか。

第二に、具象か抽象かを問わず、カテゴリー（範疇、類）の周辺は不明瞭なことが多い。たとえば、具象物のひとつであるパンは、カテゴリーとしてとらえたときの周辺はどこまで広がるだろうか。同じくケーキの周辺はどうか。ドーナツやマフィンやパンケーキ（ホットケーキ）はどちらの類に含めるべきかはっきりしないだろう。鳥のカテゴリーでも、周辺近くには、空を飛ばないどころか海に潜るペンギンがいる。

第三に、多義語が存在する。多義語とは、ひとつの語が関連する複数の語義をもつ場合をいう。多義語は例外ではなくふつうに存在する。細かく見れば、語はつねに多義の方向に動き出そうとして打ち震えているというのが現状ではないか。とすれば、語や句が表す概念はひとつの個物として扱われるのではなく、しばしば複数の互いに関連する個物の集まりとなり、またその一つひとつも明確な境界をもつのでもない。言うまでもなく、多義にはメタファーなどが深く関与する。

最後に、類義語の存在に目を向けよう。これまでに時間とときの意味の微妙な違いと重なりを見てきた。語の意味は類義語の存在によってその守備範囲を柔軟に調整する。ことばはつねに弾性を示す。概念を空間化して個物化したからといって、意味が完全に固定されるわけではない。

以上、ベルクソンの言語不信について四つの問題点を指摘したが、ベルクソンの目標は、時間を動態的にとらえることにあった。そのために、固定的だと思われる空間のことばを排除しようとして、かなりむきになった。ある程度理解できないわけではないが、ことばには弾性を示すいくつかの仕掛けが備わっていることを忘れないようにしたい。

そこで先を急いで、ベルクソンは時間を持続としたのだが、その持続の定義の一例を見よう。いわく、「純粋持続とは、いまの状態とすぐ前の状態との間に区別立てをせずに、ただ生《せい》に身をゆだねている連続した意識の状態」と。定義の末尾の「連続した意識の状態」は、直訳調で示せば「連続した意識の状態がとる形態」となる。最大の問題は、この定義がベルクソンの思惑どおりに空間のことばを完全に排除できたかどうかである。おもなものに限ろう。間に（entre）、区別立て（分離）（séparation）、連続（succession）、それに直訳で示した形態（forme）は、明白な空間のことばではないか。また、持続の説明でしばしば使われる流れ（通過）（passage）も、明らかに空間のメタファーである。

　これ以上の追及はやめよう。一般的に言えば、抽象的な概念について何かを語ろうとすれば、つまり沈黙を破ろうとすれば、大なり小なり必ず空間のことばに搦めとられてしまう。空間のことばは排除すべきものではなく、うまくつき合っていくべきものである。

　しかし、なぜこうなるのか。それは、一言で言えば、私たちが空間のなかに住み込んでいるからである。空間は、私たちにとってもっとも重要な経験基盤であり、その無意識的な体験は、子宮の中から始まると言ってもいいのかもしれない。抱きしめられて感じる安心感はそこに起点をもつのではないか。

　またこうも考えよう。触知可能な空間は静止画として存在するのではなく、そこで出来事が起こる場としてある。場とは、空間と時間が一体となった概念だと理解すべきものだ。こうして私たちは空間の中にあり、時間の中にあることになる。

　最後に一点確認しておこう。それは、私たちが時空一体としての場に住み込んでいるとしても、空間と時間が認識上けっして対等ではないという点である。身体的な知覚感覚にありありと訴えかけるのは、時間ではなく空間である。私たちの生体が時間を感じとらないというのではない。ただ、時間について何か思考を巡らそうとすれば、認識の網目に引っかかることばを見つけ出さなければならない。そのほとんど唯一のソースが私たちの五感になじみのある空間のことばなのである。これは、すぐに見るように世界の言語に共通の認識パタンである。

2 時間はどう流れるか

時間のことばへの入り口は流れである。流れがやや言い過ぎなら時間の経過と言おう。まず考えなければならないのは、どの方向に何が移動するのかである。そのときどちらが前でどちらが後ろなのか。あとさきの問題もある。日本語と英語を中心に実例を見るが、人間の言語一般の特性もつねに忘れないようにしたい。

†どの言語にも共通するメタファー

数え方にもよるが、いま世界には数千の言語があると言われている。それをどう分類するかは言語学の仕事のひとつである。たとえば基本的な語順に着目して、日本語のSOV、英語のSVO、これらに数は劣るがVSOパタンを加えると、世界中の言語がおおよそ分類できてしまう。S（主語）とV（動詞）とO（目的語）の順列を考えるとOVSなども可能性としては排除できないが、現実にそのような語順の言語はなかなか見つからない。人間の言語として可能な基本的語順はかなり限られるようだ。これはなぜなのか。

語順から意味に目を移して、一見マイナーな表現である乳首、手首、足首を取り上げよう。共通な特徴は何だろうか。すぐに首が共通だとわかるがそれだけではない。考えるヒントとしてもうひとつ膝頭を加えよう。首と頭に注目すると何が見えるだろうか。ともにメタファーなのはわかるだろう。本来とは違う体の部位（手や膝）に対して使われているからである。形が似るので形態メタファーに分類される。メタファーとしては比較的単純な類である。

メタファーの素材（起点領域の表現）として頭と首は体の上半身に属す。しかも命と直結する重要な部分である。その頭と首が他の身体部位に適用される。要するに、上の重要部位が下の部位にメタファーとして表現を貸している点に注目したい。この上から下への流れは人間の言語にほぼ共通なことがわかっている。下から上への流れはふつうない。耳たぶのことを耳足とは呼ばないだろう。こんな小さなところにも私たちの認識のまなざしが現れる。これはほんの一例にすぎない。

†二日前をどう表現するか

時間そのものの直接的表現はなかった。では間接的な手段はどうだったろうか。流れは空間から時間へである。ここにも人間の言語の特徴が現れる。表現に関する限りベルクソンの奮闘はほとんど悪あがき同然だった。お釈迦様の手のひらからどうしても飛び出せない悟空のようだった。六四五年に、元日に、暮れ六つになどの時間の「に」は、鎌倉に、講堂に、机の上になどの空間の「に」を遣い回したものである。空間から時間への方向が確かめられる。逆方向には向かわない。

英語の in、on、at も同じ方向を示す。*in* a room（部屋に）、*on* the table（テーブルの上に）、*at* the corner（街角に）などには空間の前置詞が用いられ、これらが *in* 2001（二〇〇一年に）、*on* Saturday（土曜日に）、*at* 3:00（三時に）などの時間表現に適用される。ここでも逆流はない。方向は空間から時間へ、具象から抽象へ。

もちろん「に」に限らない。「から」は場所の起点を表し、メタファーとして時間の起点も表す。from も from here（ここから）と from now（いまから）は同じように自然な表現である。また原因を表す「から」（親切心からなど）もある。これは時間用法からの展開だろう。「だから」ではこれが慣習化して固定化した。驚きの世界が人間の言語に共通して広がることを知って二度驚く。

では二日前はなぜ前なのだろうか。前が空間表現なのはわかるが、方向に関してなぜ前なのか。比較のために三つの言語を取り上げよう。

①two days ago
②il y a deux jours
③vor zwei Tagen

①は英語、②はフランス語、③はドイツ語。ヨーロッパの言語が必ずしも一枚岩ではないことがよくわかる。①の英語は二日前を「二日すっかり行ってしまって」と表した。a-は強意の接頭辞で「すっかり」を意味し、go は gone（go の過去分詞）の古形で「行ってしまって」。重要な点は「行く」の解釈である。二章で述べたように、英語の時間そのものは未来から来て、過去に行く。未来から過去への進行の方向が前である。つまり過去が前。基本的な認識が日本語とほぼ同じなのがわかるだろう。ただどの部分に着目して言語化するかが異なる。英語は語源的には二日前のことをすでに二日過ぎ去ってと表す。

②のフランス語はil y aがポイント。deux jours（二日）があると表現する。すでに二日が存在することで二日前を表す。il y aは英語のthere is/areと同じく存在を提示するのが基本だが、時間表現にも用いられて以前を意味する。

③のドイツ語は一番日本語に近く、語順通りに訳すと前二日。vorは前置詞であって空間用法と時間用法の「…（の）前に」の意味を担う。形の上からも英語のbeforeのforeと重なる。ドイツ語のvは英語のfと対応する。

①、②、③に共通なのは何だろうか。①の行く、②の存在、③と日本語の前はいずれも空間のことばである。ただ、①の時間の進行は、未来から過去に向かうとして、誰かがどこかから眺めてそう判断しているのだろうか。それとも時間そのもののいわば絶対的な進行なのだろうか。②の存在はそれを認定する認識主体がどこかにいるのだろうか。③の前に関しても同じ疑問が生じる。これはとても微妙な問題なので、言語表現をいっそう繊細に観察しなければならない。

†時間の方向と前後

そこで時間の前後関係の問題をより詳しく考えるのに、改めて《動く時間》と《動く自己》の時間認識の違いを振り返ろう。

《動く時間》とは、先の図（一章図2）に示したように、自己（観察者＝認識主体、以下しばしば©と略す）が静止していて時間のみが動く。動く方向は未来から過去へ。過去が進行の前で未来が後ろである。以前と以後、十年前と十年後など多数の表現にこの認識が現れる。時間は未来からやって来て過去に去り行く。まるで川の流れのように。そもそも未来は漢字の構成からして未だ来ず、過去は過ぎ去ると書く。この漢語が日本に受け入れられる素地は、時代は異なるとはいえ、鴨長明の「いづかたより来たりて、いづかたへか去る」に要約されるだろう。この表現のトポス（表現の型）はどこまでさかのぼれるのだろうか。

《動く時間》が未来から過去に移動することは、日本語および英語を含む多くの言語で共有される。この点はもはや疑えない。では他方《動く自己》はどのように描かれるだろうか（一章図3）。ここでは時間は大地のごとく不動であって、その上を自己が未来に向かって歩む。このような図であった。未来が前方となり過去が後方となる。〈人生は旅〉の親メタファーを念頭に置けば、そこに一本の人生行路が敷かれる。《動く自己》はその道を未来を前方に見て歩むのである。それゆえ将来は前途となる。

しかし、未来は必ずしも前途洋々とはいかない。友人Kの自殺を目の当たりにして「もう取り返しが付かないという黒い光が、私の未来を貫いて、一瞬間に私の前に横たわる全生涯をものすごく照らしました」（夏目漱石『こころ』）ということもある。が、ここで確認したいのは未来が《動く自己》の前に横たわると描写されている点だけである。

では《動く自己》の後方はどのように表現されるだろうか。たとえば先導する者がいれば後続の者がいる、先進国があれば後進国（今では発展途上国）がある。先輩と後輩は対だろう。ここに現れる先はすぐあとで取り上げることにして、後続、後進、後輩の後は明らかに《動く自己》の姿を反映する。先に行く、つまり未来に向かって前方を行く者のあとを後続の者が追う形である。落伍とは隊伍から遅れて脱落することであり、また一般に、力量不足のためについてゆけなくなることである。人後に落ちるとも言うが、これも《動く自己》に照らしてはじめて後の意味がわかる。

もうひとつおもしろい表現を見よう。顧みるとはどのような様子なのだろうか。『日本国語大辞典』（二版）はまず「たち帰って、見る。もどって見る」の語釈を与える。返り見るを初義とするということだろう。第二義に「後方をふりかえる。ふりかえって、見る」。これがいまの問題に直接関わる。振り返らなければこれから行く先を前方に見ていたはず。これに第三義「過去を回想する」と第四義「わが身を反省する」が続く。第三義も第四義もすでに抽象領域でありメタファーに彩られている。現在用いられているのはおもに第四義である。

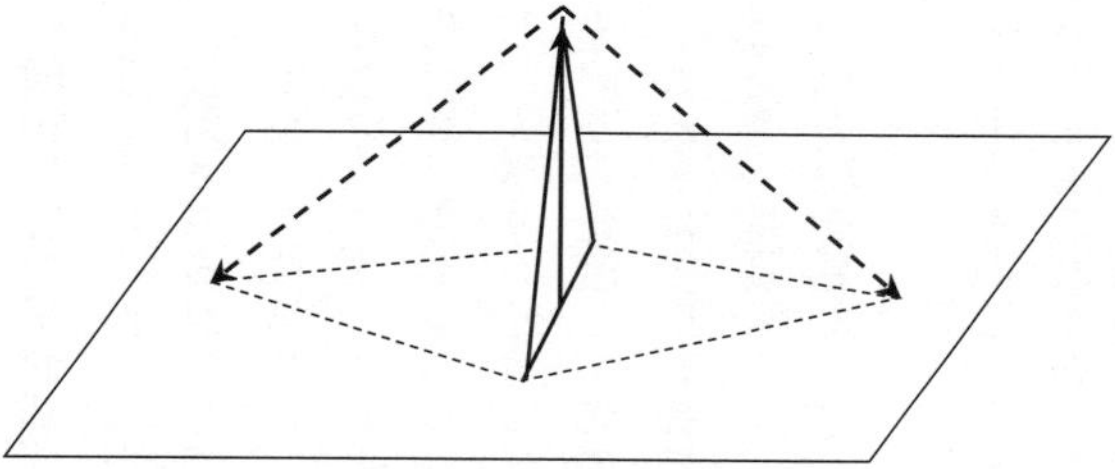

図9　先の平面への投射

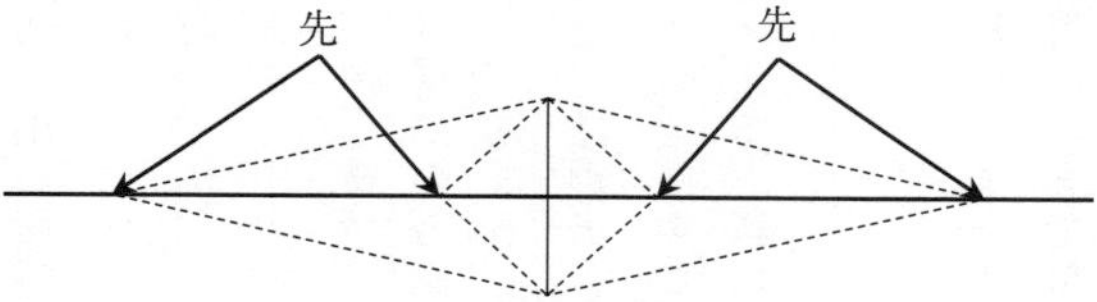

図10　時間軸上の先

†先の解釈

ではここで先の解釈に立ち返ろう。まず基本的な物理的意味に限って定義を示すと、「もとから見て先細りに見える先端」。論理学者なら先の定義の中に先を使っていると言って目くじらを立てそうだが、ここはわかりやすさを優先したい。もとから見て、と認識主体（Ⓒ）の立ち位置を示し、先細りに見える、のようにⒸによる知覚・認識であることを明示する点が大切である。

これを踏まえて時間的な先の概念を図解しよう。図9は細身の二等辺三角形を垂直に立て、その先端を水平面に投射（影を投影すること）したもの。平面の左右にそれぞれ先が投射される。

図10はその平面部分のみを切り出して時間軸を加えたものである。左右に二か所ずつ先が生じているが、投射の角度によって先の位置はいくらでも増える。先が過去にも未来にも投射される点を見てもらいたい。

どちらの先も用例が数多くある。中央の縦棒は典型的には現在だが、時間上のⒸのいる任意の点であってもいい。先送り、先々、三年先、先延ばし、事業が先細りする、先物、先行き、先が案じられるなどは将来の方向を指示する。これに対して、先おとつい、先貸し、先借り、予算を先食いする、先ごろ、先ほど、先立つ、先に発表された統計、先触れ、先回り、先渡し、先の副将軍などは過去（より以前）を指す。

これらは投射認識による。これをより動的にとらえるとどうなるだろうか。このときあとさきが問題になる。後先を考える、後にも先にもでは反義語としてペアを組む。そこで次の表現を見よう。
①さきのことを考えずに思いつきで事を進めるのは好ましくない。
②あとのことを考えずに思いつきで事を進めるのは好ましくない。

いずれも将来起こると予想される事態を述べる。文脈上同義と考えられる。これはどう説明されるべきか。①と②の例文を挙げるのは『新明解』（七版）である。時間についての清新な定義を一章で紹介したのを思い出されたい。文法欄に次の記述がある。

(a)例文の事を進める人が時の流れに並行して進んでいくととらえれば、未来に属する事柄を「さき」のことだと言うことができる。

(b)逆に、時が未来から流れてきて問題の人の時点を通り過ぎて過去へと流れていくととらえれば、これからやってくる未来の時は現時点より「あと」からくる時だということになる。

(a)はたぶん①を説明する《動く自己》の認識だろう。(b)は②を説明する《動く時間》の認識だと断言できる。ただ(a)の解説は少し疑問が残るので、(a)の説明と先に挙げた時間の定義(c)を並べて示そう。

(a)例文の事を進める人が時の流れに並行して進んでいくととらえれば、未来に属する事柄を「さき」のことだと言うことができる。

(c)〔時間の定義①〕人間の行動を始めとするあらゆる現象がその流れの中で生起し、経験の世界から未経験の世界へと向かって行く中で絶えず過ぎ去っていくととらえられる、二度と元には戻すことができないもの。

(a)の疑問点は「事を進める人が時の流れに並行して進んでいく」の箇所である。人が前方に未来を見て進むので、先のこととは当然未来のことである。しかしここで「時の流れに並行して進んでいく」とはどういうことだろうか。時の流れはどちらを向いているのか。(b)の時は明らかに未来から過去へと流れるので、(a)の時は逆に過去から未来に流れると想定されているのだろうか。「並行して進んでいく」はふつう人と時が同じ方向に進むと想定されるように思えるが……。

†《動く時間》と《動く自己》の合体

少し込み入ってきたのでちょっと休憩しよう。

妹《いも》が見し宿に花咲き時は経《へ》ぬ
　我が泣く涙いまだ干《ひ》なくに

（大伴家持『万葉集』巻三・四六九）

生前妻が見た庭に花が咲いて、ああはやくも時が経ったのだ。私の涙はまだ乾いていないというのに。妙な問いかもしれないが、この時はどのような時だろうか。これまでいくつかの時の表現を用いてきた。時間そのものとか純粋な時間など。ここで時の経過が実感されるのは庭の花の開花である。これはひとつの変化だろう。何らかの変化をとらえて時の経過を知る。きわめて自然な認識だと思う。移動距離から時間を知る、あるいは状況の変化から時間の過ぎ行くのを知る。

こう考えれば純粋な時間そのもの（の経過）はそもそも私たち人間にわかるのだろうか。しかしこう問えば、天文学者や物理学者からたちまちビッグバンや素粒子のふるまいなどの話を突きつけられるだろう。もとより深追いはできないが、これまでの論の整理もかねて次の三点に簡単に触れておきたい。

①《動く時間》と《動く自己》は矛盾なく合体できるのか。
②時間（経過）の認識と出来事（の経過）の認識はどのような関係にあるのか。
③認識主体（Ⓒ）は時間経過の中でどのように位置づけられるのか。

図11　《動く時間》と《動く自己》の合体

互いに関係する部分もあるが、繰り返しを厭わず順に考えよう。まず①から。《動く時間》は時間が未来から過去へ動き、Ⓒは静止していてそれを観察する。《動く自己》は時間が大地のように不動で、自己がそこを未来に向けて歩み行く。もちろん駆けてもいい。両者の間に矛盾はない。

図11は《動く時間》の上を逆方向に《動く自己》が歩を進める様を表す。空港や都心に設置されている動く歩道をいわば逆進する図を想像するとわかりやすいかもしれない。ベルトコンベアの速度と歩くスピードが同じなら、外から眺めればⒸは一歩も前進していないように見えるだろう。Ⓒは足は動かしているのに、自分が現在いるところにとどまっているように感じるなら、そこが現在を表すとも言えるかもしれない。

またこのような状況を想像してみよう。あなたが直線道路を疾走している。前方の山がぐんぐん迫り、左右の木立がどんどん後方に流れていく。逆に上空の定点から見ればあなたの車は不動の大地を一直線に進む。テレビのコマーシャルでよく見かける場面だ。ちょうど図と地の関係になって、景色が図であなたが地なら、《動く時間》と対応して、景色が動いて流れ去るように見える。そのように見える点が重要であり、Ⓒ抜きでこのような知覚は得られないだろう。反対にあなたが図で風景が地なら、《動く自己》と対応して、あなたが不動の道を走り抜ける。

《動く時間》と《動く自己》は認識上矛盾することなく合成されることがわかった。では言語表現でも確かめられるだろうか。

大会が近づいて来たのでそろそろ準備を進めなければならない。

大会が近づいて来たの部分は《動く時間》を表す。準備を進めなければの箇所は《動く自己》を体現する。一文の中で矛盾はない。図11に近い形が私たちの頭の中で働く。図と地の切り替え、つまり《動く時間》と《動く自己》のスイッチングは自動的に瞬間に行われるのだろう。

右の例に限らない。

卒業後の進路を考える。

I am going to graduate this coming spring.（この春卒業予定です）

こう表現するとき、無意識のうちに図11の機構が働きだす。卒業後は《動く時間》に従う。まず前に卒業があってはじめて卒業後がある。時間的に早い出来事が前で遅い出来事が後である。これは過去を前方に置いて未来を後方に据える《動く時間》の表現である。他方、進路は人間主体的な見方であり、ある時点で未来を前方に見て進むべき路を思案する。両者に矛盾はなく解釈はスムーズに得られる。

もうひとつの英語表現はどうだろうか。前半の卒業予定にはbe going to（…するつもり）が用いられていることから、Ⓒが近い将来の卒業に向けて前進する《動く自己》が反映されている。また卒業時期を表す副詞句にcoming（来たる）が用いられていることから、この表現が未来から過去に向かう《動く時間》に基づくと理解できる。両者の結合にはやはり矛盾はない。

日本語と英語の比較なら次の表現の違いがおもしろいかもしれない。

水に流そう。

Let's put it behind us.

ほぼ同じ内容である。英語は、わだかまりを捨てて、忘れて、新たに前を向いて歩み出そうという意味。表現としては、それ（＝問題となっていること）を私たちの後方に置いて（あるいは投げ捨てて）前向きに進もうというので《動く自己》を表す。日本語の表現は、同じわだかまりであっても、それを時間の流れに委ねようとする。それは《動く時間》を体現するだろう。禊の風習に通じる。これが英語圏と日本の文化の一般的な傾向かどうかは、今後探究するに値するテーマのひとつとなりそうである。

†時間と出来事

②の問題はこうであった。

②時間（経過）の認識と出来事（の経過）の認識はどのような関係にあるのか。

これまで《動く時間》の説明で、時間が流れるという表現ともうすぐ夏が来るという表現を区別していなかった。時間の進行と出来事の進行はどちらも《動く時間》の認識に基づくとした。これは間違ってないのだが、②は改めて解明するに値する課題である。

川上からものが流れてくる場面を想像しよう。木の葉が流れなければ水のよどみを推測し、うまく運ばれれば水の流れが順調だと推し量る。川の流れを時と見なし、落ち葉を出来事と考えよう。つまり時の流れとともに出来事が移動する。川上の未来から川下の過去に向かって。もうすぐ夏がやって来るとは、時間の流れに乗って出来事としての夏がやって来る。夏の到来から時の経過を感じとる。庭に花が咲くのを見て時は経ぬ。同じ感じ方だろう。時の流れと出来事の訪れとは一心同体と考えていいのではないか。

一般的な表現の仕組としては、AとBが緊密な隣接関係にあって、それに基づいてAと言ってBを意味することはよくある。このパタンをメトニミー（換喩）と呼ぶ。たとえば鍋と具は入れ物と中身の隣接関係にあるので、具が煮えてきたことを鍋が煮えたと言う。ヤカンが沸いているよ、風呂があふれる、ビールを三本飲む、などは典型的なメトニミー表現である。時間表現にかかわる時間と出来事は、実はこのメトニミーだとわかれば納得できるだろう。

またアリストテレス以来、時間の経過をものの変化と結びつけて考えたのも、十分な理由があったことになる。『失われた時を求めて』の有名な一節で、マドレーヌを紅茶に浸して食べると昔のことが鮮やかに思い出される場面があった。この「〜すると（き）」という表現は一般に出来事を導入するのに用いられる。時と事との結びつきはきわめて強い。

†認識主体の立ち位置

②と比べると③はかなり微妙な問題を含む。③を読み直そう。

③認識主体（Ⓒ）は時間経過の中でどのように位置づけられるのか。

①の合成、②の時間と出来事の関係はまだ比較的見通しやすい問題だった。③は慎重を要する。ただし《動く自己》の場合はまだ単純だ。自己がⒸに等しいので、Ⓒが未来に向かって移動すると考えればいい。では《動く時間》の場合はⒸの位置はどうなるのか。主な位置は二つありそうである。ひとつは一章で触れた as time goes by（ときの過ぎゆくままに）が大きなヒントになる。これが《動く時間》の表現であることは言うまでもない。時間は未来から過去に進む。Ⓒはこの時間の流れを見送る。その立ち位置が問題なのであるが、by が言語的証拠となる。

このbyの品詞は副詞である。go by の意味はそばを通り過ぎる。誰のそばかを明示すれば go by Ⓒとなる。つまり時間は認識主体＝観察者のそばを通り過ぎて過去に向かう。

どうして©をこのように補えられるのか。一九八六年公開の青春映画『スタンド・バイ・ミー』を思い出してもらいたい。テレビでも何度か放送されたのでご存じの方も少なくないだろう。このバイはbyである。stand by meとは私のそばに立つ、（困ったときでも）私を助け支持する、私の支えとなる、という意味である。このbyは前置詞でありその目的語（me）を伴う。しっかり目的語を明示する。go byもgo by meとすることができただろう。

このmeは認識主体©と重なる。時が私のそばを過ぎ行くままに。しかし英語でも日本語でも私の存在はあまりにも自明だろう。あまりにも自明な要素をいちいちことばで明示すると、かえってその場に没入できない。たとえば長距離トラックなどに貼られるステッカー「思えば遠くに来たもんだ」を考えてみよう。誰が思えばなのかなどと問う無粋な者はいないだろう。どこから測って遠くなのかと追及するだろうか。これは日本語ではごくふつうの表現だが、英語も基本的な仕組は同じである。go by meよりgo byの方が主体的なのである。現場に溶け込んでしまうと言っていい。©はあくまで存在するが、表現上姿を消して時の流れを直接感じる主体となる。

これまで喩えてきたように時を川の流れとすれば、他にpass by（そばを通り過ぎる）などの表現も勘案すると、©は川岸に佇むと見なせそうである。この河畔の©の認識を傍観

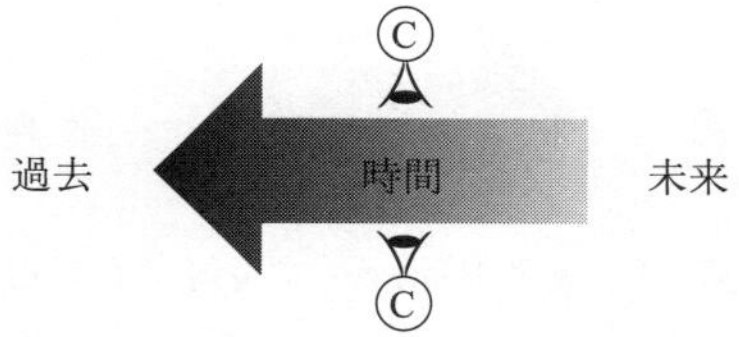

図12 《動く時間》とⒸの位置（その1）

者のⒸと呼ぼう。これまで《動く時間》の認識にはしばしば登場していたはずである。未来から過去への時の通過を見送っていたのである。

しかしこの傍観者は川岸で時の経過を見送るだけではない。光陰矢の如し。光陰は日と月で時間の経過を表す。ここではⒸは矢の飛翔を見る。矢のイメージは西洋においても時間の矢として定着した見方である。一方向にすばやく飛び去る矢を目の当たりにするのは傍観者のⒸである。歳月人を待たず、あるいはTime and tide wait for no man. もほぼ同じ図像を表すが、見送るものが少し異なるだけである。

傍観者Ⓒを図示すれば図12のようになる。

Ⓒが《動く時間》の両岸にあるのは、どちらの岸であってもいいことを示す。Ⓒの左右が逆になるが、時間の流れを見送るときに左右が問題になることは事実上ない。Ⓒの眼は視点を表す。

もうひとつの図を考えよう。

図13ではⒸがいわば時間の流れに踏み込んで、未来の方向に視線

図13 《動く時間》と©の位置（その2）

を向ける。©の眼は再び視線の向きを表す。上流を向いていて時間の流れと対面する。

図13を想定させる表現の代表は迎えるであろう。迎えるは来たるものとの対面を基本とする。客を迎えるのも新入生を迎えるのもそうだろう。ただ迎える相手は誰でもいいわけではない。新社長を迎えることはあっても、新しいバイトや補欠を迎えるというのは違和感がある。時間のメタファーであっても同じように、少し改まった時期を迎えることになる。たとえば正月、新年、春、新学期、卒業、定年、還暦などを迎える。もちろん日々新たな気持ちなら新しい朝を迎えることもできるだろう。このとき©は図13の位置を占める。またある出来事が（目の前に）迫るという場合も図13を反映するだろう。

では来たる冬に備える場合はどうだろうか。英語ならthe coming winter。図12か図13かはっきりしないかもしれない。ただ文化圏による好みの差はありそうである。日本人なら自然の流れに従う図12に親しみを感じ、《動く自己》を好む英米の文化は、図13に親近感を感じるだろう。《動く時間》に関しては、大方の西洋の時間論では図13およびその

図14　《動く時間》が背側から前面に流れる言語

変形（事実上図13と同じ）がむしろ前提とされてきたように思われる。

†未来は背中からやってくる

ここまでを再整理すると、時間の経過の主な認識に二つあることがわかった。ひとつは《動く自己》（Ⓒは自己と同じ）の人間本位の見方。もうひとつは《動く時間》（Ⓒの位置は川岸か川中）の時間本位の見方。川中のⒸは前方の未来からの時間および将来の出来事を正面で受けとめて背後の過去に順次送って行く。ところがまだ資料は少ないものの、時間が背側の未来から身体の前方の過去に流れるという言語の存在が知られるようになった。図示すると図14のようになる。Ⓒの前方が過去で、背の方向が未来である。これは南アメリカの先住民の言語アイマラ語（Aymara）である。ボリビアとペルーのチチカカ湖周辺の山岳地帯に広がり、これを母語とする人口は約一六〇万人と推定される。決して少ない数ではない。

一見したところ奇異に感じられるかもしれないが、基本的な認識と表現の仕組はそれほど理解に苦しむことはない。ごく基本的な部分のみを紹介しよう。アイマラ語の基本単語も身体のことばに基づいていて、人間の言語一般の特徴をよく示す。nayra は目を表し、同時に視界・眺めを意味して、さらに前を表す。去年のことを nayra nara と言う。直訳では前年となるが意味は去年である。日本語の前年は基準となる年の前の年を意味し、去年は©の観察地点のいま・ここ・私からの眺めを反映する。アイマラ語の nayra nara は身体のすぐ前の年として言語化されて去年を意味する。

図12—14を比較しよう。図12は未来から過去への《動く時間》を見送る。見送るので©の視線は前方のみではなく、もう少し広角に描いた方がより言語表現に寄り添うかもしれない。図13は同じく未来からの《動く時間》を©の前面で迎える。図13と図14とが©の視線の方向に関して正反対になる。しかし、図12と図14とは、図12の©の視野を広角にとれば、それほど大きな対立はない。

もう少し例を眺めよう。アイマラ語の qhipa は背を意味して後ろをも表す。qhipa uru は翌日または未来のある日を意味する。nayra と qhipa の用法は他の表現でも一貫している。言語学者の努力でとりわけ賞賛に値するのは、これを念入りに確かめるために、現地での実際のインタビューをビデオで撮影して分析した点である。何がわかるだろうか。ジェスチャーである。アイマラ語の話者が時間表現を用いるとき、身振りで時間の方向と動きを指示する。未来のことは背の方向を指し、過去のことは前方を指す。

アイマラ語の時間感覚はどうなっているのだろうか。言語学者の推測はこうだ。時間はⒸの背から前面へ流れる。背の方向は未来で未知である。Ⓒは前面を向くかぎり背は見えない。これに対して前面は過去であり既知である。前面は見える。過去の出来事はすでに確定して既知の領域に属す。既知のことはⒸの視野にあり目の前にある。nayra は視界であり前、qhipa は背であり後ろである（図15）。見ることと知ることとの結びつきはアイマラ語特有のことではない。たとえば百聞は一見に如かず（Seeing is believing.）。

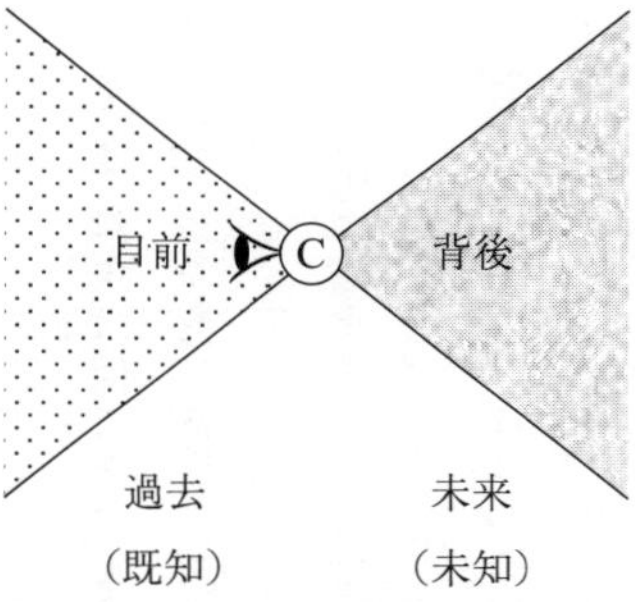

図15　未知（後）から既知（前）へ

†B系列の時間

その後も絶滅寸前の言語の調査が続いていて、その中で時間表現の分析がなされている。そろって空間のことばを応用する。違いはその応用の仕方であるが、そのバリエーションはかなり限られるようである。それらとの比較の上で次の日本語の表現はどう考えればよいのだろうか。

前に見たことがある。

見るの対象は何であってもいい。問題は文頭の前である。この文を発した話者がⒸとなる図12がおそらく説明してくれるだろう。では次の表現はどうだろう。

A山の噴火のあとに地震があった。

噴火と地震という二つの出来事があり、それらが時間軸上に前後して並んでいるだけとも捉えられるだろう。とすると、時間はあたかも年表のように、以前と以後の区別はあっても、その上に出来事がただ前後に並ぶだけということになる。このような時間認識をB系列（B-series）と呼んだ哲学者が前世紀のはじめにいた。マクタガート（一八六六―一九二五）であり、それ以降の哲学者をずいぶん悩ませた。因みにA系列（A-series）とは私たちの《動く自己》と《動く時間》を合わせたものに近い。B系列には動きはない。あるのは順序だけである。

この問題に深入りするつもりはない。結論的には、このいわゆるB系列は、図12の《動く時間》の変形と見なせるだろう。図16で説明しよう。

これは時間の流れの上を進むE_1（出来事1）、E_2（出来事2）、E_3（出来事3）を描いたも

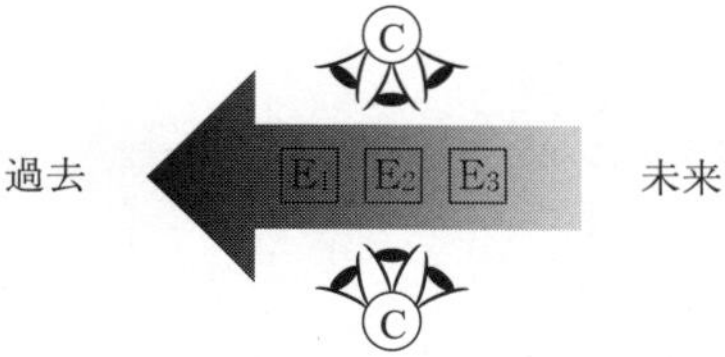

図16　B系列の時間

のである。B系列とは、このような直線の時間の一部（E_1、E_2、E_3はその上に乗っている）を線分として切り出したものである。B系列は経過する時間ではなく、あくまで複数の出来事の順序である。大化の改新は応仁の乱の前であり、関ケ原の戦いは応仁の乱の後である。

春夏秋冬も出来事の順序であり、時間の経過から切り出されると前後関係だけが残る。前後関係が不確かになれば、再び《動く時間》の流れの中に戻してやればいい。ただ、もうすぐ夏がやって来るという認識＝表現は図12または図13によって説明されるべきだろう。B系列は動きのない順序と見ることなので、そこに前後関係をこっそり見ようとするのは、いったん切り出された出来事を無意識のうちに時間の流れに戻して理解しようとするからなのではないか。

時間経過に関係する主な認識はここで一区切りとしよう。細部はまだ検討すべきことがあるが、それは後回しにして、次に、時は金なりの表現について考えたい。こちらは私たちの生き方に直接影響を及ぼす可能性大である。

第四章

時間のメタファー

ルネ・マグリット「光の帝国」Empire of Light

©ADAGP,Paris&JASPAR,Tokyo,2017 G0780

俗にエスキモーと称される北米先住民イヌイットは、時は金なりの思想をもっていなかった。西洋的な厳格な計量単位としての時間は彼らのものではない。しかし時間と経済活動とが関係することはもちろん知っていた。早起きは狩りの結果に影響を及ぼす。服を着替えたらすぐに外に出て、その日の空模様と雲の種類と星の位置を確かめなければならない。ただ、時は金なりは理解できなかった。

1 時は金なり

†世界を牛耳るメタファー

時間についての二大メタファーのひとつは、これまで見てきた流れである。時間の経過をいくつかの形で表した。《動く時間》と《動く自己》はその代表であった。二大メタファーのもうひとつは、時間を資源とみなす。時は金なり（Time is money.）はこの見方の一種（お金は資源の代表）である。ただし時は金なりの信仰は、いま全地球を覆う状態になって、その締めつけは一層厳しさを増すように思われる。その結果、ごく一握りの富める者と多数の貧しい者との間で、格差は広がる一方である。

格差社会という言い方が定着しつつある。日本ではかつて一億総中流と呼ばれた時期があったが、いま確実に下層階級が形成されつつある。ひとたび負のスパイラルに落ち込めばどんどん下方圧力がかかってくる。大学への進学率が五十パーセントに達しても就職で躓けば一気に転落しかねない。以前より社会に不満をもつ者が増加し、凶悪犯罪のニュースが毎日のように報じられる。

この状況を頭の隅に置きながら時間のメタファー分析を行おう。たかがことばの問題ではないことがすぐわかるだろう。たとえば時は金なりのメタファーは時間給に端的に現れる。これを単なることばの綾と見なせるだろうか。時間とお金が等価交換のふりをして現実にやり取りされる。そしてここにもたとえばブラックバイトの形で利益至上主義が忍び寄る。

人は厳しい社会と言う。この問題は日本国内だけではない。グローバリゼーションとは、時は金なりが全世界を席巻する様を表すのではないか。国どうしの熾烈な争いの中に否応なしに巻き込まれてしまう。強欲資本主義を前にしては一層の強欲資本主義で立ち向かわなければならない。食うか食われるか。他の道はないのだろうか。ポスト資本主義はどのように描けばよいのだろうか。二十一世紀はどうあるべきか。それを模索するためにも、時間のメタファーの現実を少し詳しく分析しよう。

†資源からお金へ

まず次の二つの表現を題材としよう。

もうほとんど時間が残っていない。

時間を無駄にするな。

これは明らかに流れる時間のメタファーではない。かつ、これら二例を結びつけるメタファーが働いていそうである。あるものがほとんど残っていないという場合、それはふつう貴重なものだろう。貴重なものは当然量が限られる。これは、無駄にしてはいけないと言うときにも当てはまる。無尽蔵のものに対して、無駄にするなとは言いにくい。時間は限られた貴重なものだ。適当な用語がないので、これを仮に資源と呼んでおこう。

お金はこの意味での資源の代表格といえる。不労所得のような金のなる木を持たぬ者は、稼がねばならない。お金を限られた貴重な品と見なすことに大半の者は反対しないだろう。資産、資金、資本と言う。やはり資源の一種なのである。これらはもちろん資本主義を大なり小なり受け入れた国々での用法だが、お金の重要性については多言を要しないはずだ。

とすれば、時間を貴重な資産と見立てるメタファーから時間をお金と見なすメタファーへの移行はほんの一歩である。

とくに資本は英語で capital という。名詞で資本、首都。形容詞で主要な。資金が資本となって企業を育て、企業が首都を形成する。capital の語源はラテン語の caput（頭）の派生である。資本主義の典型的形態はこれらが結集したものである。つまり資金、資本、首都が国の主要な頭となって機能するとの見方である。当然そこでの主要な関心・興味（interest）は金利（interest）であり利益・権益（interests）である。

資本主義体制の下では、資源とお金はきわめて接近する。先の例文を次のように読み替えてみよう。

もうほとんどお金が残ってない。
お金を無駄にするな。

まったくと言っていいほど違和感がない。無駄にしてはいけない対象は、限られた貴重なものであり、必ずしもお金だけではなかった。ガソリン価格が高騰すれば遠出を控え、少雨では節水を心がける。無駄にしてはならないものは他にもいくつかあろう。にもかかわらず、無駄にできない代表格がお金であるのは生活者の実感ではないか。ガソリンや水をつねに備蓄する者は(まだ)少数だろう。他方お金の蓄えなら預金制度が整った国では当たり前の話である。日本は貯蓄大国である。そこでいくつかの場合を除いて、以下では資源をお金で代表させて、時は金なりのメタファーとして一般的な分析を進めよう。

†お金と時間の構造

メタファーは無形のものに形を与える。

流れる時間は移動するものに形を提供し、方向や前後などを整えて過去と未来を切り開いた。川や矢が移動する時間となり、あるいは人自らが時間の進行を司り、未来を予期して過去を記憶にとどめた。後に見るように、必要ならば時の進行の速さも私たちの思考の一部に掬めとるようになった。パソコンや乗物のスピード化を考えてみよ。これらの概念は流れのメタファー抜きでは、思索の入り口にさえ立てないだろう。

これは、メタファーがしばしば私たちの概念形成を担うということである。同じことは、時は金なりでも確認できる。時間のような抽象概念は、複数のメタファーによって少しずつ姿形が整えられた。紀元前から流通するお金(より一般的には貴重な資源)には、すでにそのコミュニティーで了解される共通な概念構造があった。人々の間で共通理解がなければ通貨の流通はあり得ない。その後今日に至るまでその細部に変化はあっても、基本的な構造は変わっていない。その概要は次のとおりである。

お金の構造
・使い手
・使用
・価値（量）
・目的

お金は、使い手がある目的で一定額を使用する。今も昔も変わらない。この概念構造をより詳しく見ると、まず使用者は私たちである。より一般的には人。単数か複数かを問わない。次に使用。中核部分であり、ふつう動詞が担う。使う、（費用が）かかる、必要とするなどと表現される。当面使わなければ貯蓄に回されることもあろう。使う場合は、あらかじめ（予算）配分をよく考えて、節約も心がけなければならない。また価値（量）に関しては、適切であるかどうかの判断が必要だろう。これを誤れば浪費や損失につながりかねない。

自明のことを書き連ねたようだが、これがほぼこのまま時間の概念に投射される。まるで関数対応のように。

時間の構造
・使い手
・使用
・価値（量）
・目的

時間の使い手は私たち（あるいは人一般）である。使用については、お金を使うように時間を使い、また時間がかかったり時間を必要としたりする。後で使う時間はあらかじめ取っておくなどの事前配分を考え、時間の節約も心がける。価値（量）に関しては、現代人はとくに幼いころから時間の大切さを言い聞かされてきただろう。しかしプロジェクトの実際においては大量の資金と大量の時間が必要となることもある。さらに時間の浪費や損失にはつねに気をつけるべきである。

右の時間の構造はお金の構造をいわばコピーしたものである。そうでなければどこから来たと考えるべきか。あるいは時間にも元々何らかの独自の構造があったのだろうか。この問題は重要なので後でもう一度立ち返りたい。

†timeのコロケーション

日本語の例証は不要と思えるので英語の用例を少し見たい。イタリック体の部分が時は金なりのメタファーを表す。

We*'re* almost *out of* time.
Don't *waste* time.

これらは先に挙げた日本語の例文ときっちりと対応する。と言うよりも、実はこちらの英語が先で、日本語は私の翻訳であった。しかしおそらく読者が感じられたように、いかにも翻訳調のぎこちなさはなかったのではないか。それぞれの意味をもう一度確認すると、もうほとんど時間が残ってない、時間を無駄にするな。

英語のbe out ofは何か資源のようなものが切れた、消費されてなくなった状態を表す。動詞を入れ替えてrun out ofとすれば、そういう状態になるという経過が表現できる。

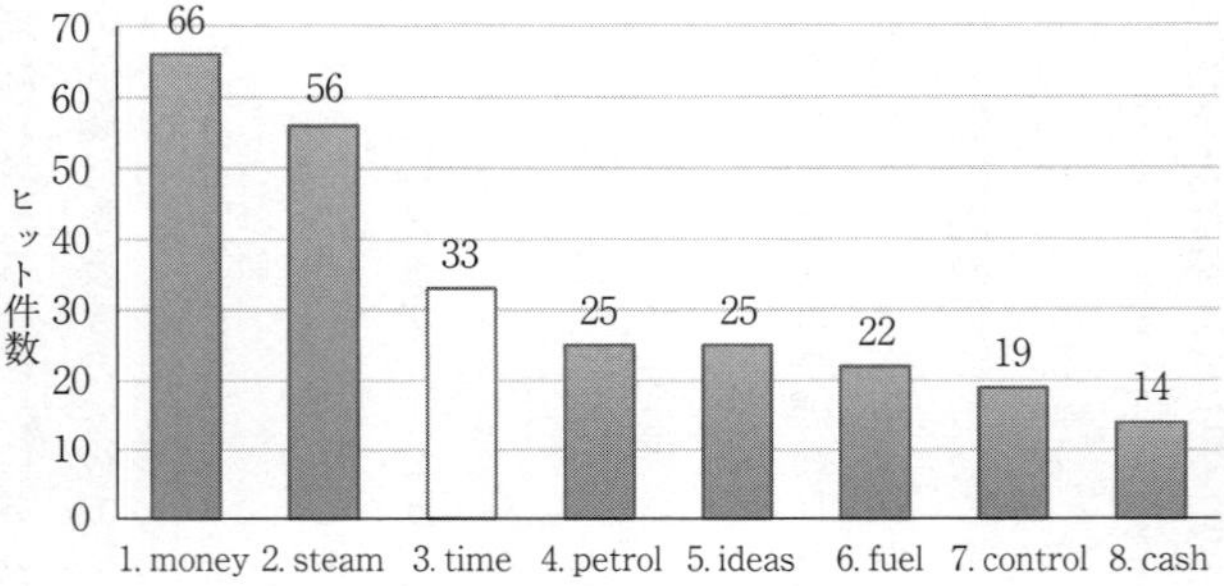

表3　run out of 〜のコロケーション

run out of gas なら車がガス欠になること。資源が消費されてストックからどんどん走って出ていくというイメージに近いのかもしれない。run out of ~ のコロケーション（語の高頻度の結びつき）を表にしよう。

表3から明らかなように、money がトップで六十六件。これに八位の cash（現金）の十四件を加えると八十件。二位の steam（蒸気）はやや意外に思われるかもしれないが、これは蒸気機関車などの動力源である。run out of steam は成句（イディオム）として、元気をなくす、疲れるを表す。エネルギー切れの状態をいう。三位の time を飛ばして、四位の petrol（石油）と六位の fuel（燃料）は明白に資源である。五位の ideas は run out of ideas でネタ切れになる、方策が尽きる、行き詰まるを意味する。アイデアも事を進めるうえでの資源と見なせるだろう。七位の control（管理）は資源のマネージメントにかかわるので後で議論したい。もちろん時間管理

という側面が関係する。

とすると、表3は、timeを除いてすべて広い意味での資源を中心とした表現であることがわかった。英語の時間は、そして日本語の時間も、このような言語的環境の中で生態的地位を保つのである。このことはwasteとのコロケーションでも確かめられる。再び細かな数値は示さないが、浪費の対象となるものの代表はお金であり時間である。時は金なりの力はここにも及ぶ。

さらに例を見よう。カッコの中に日本語を示すので、英語と日本語のおおよその対応がわかるだろう。

I have *spent* a lot of time in his company.（彼と二人で多くの時間を使った）
You have *enough* time to do that.（それをするには十分な時間がある）
That's *saving* us a lot of time.（そのおかげでずいぶん時間の節約になっている）
I need *more* time.（もっと多くの時間が必要だ）
He's *invested* a lot of time in that relationship.（その関係にかなりの時間を投資した）

特殊なものはひとつもない。時間が資源ないしお金であれば、自然に出てくる表現ばかりである。それは使ったり（spend）、節約したり（save）、必要となり（need）、投資する（invest）ものとなる。また時間が資源であれば、当然その量が問題となる。たくさんの（a lot of）、十分な（enough）、より多くの（more）などと計量される。英語の how much は値段と同じく費やすべき時間の量をも尋ねる。ただ最後の例はやや違和感があるかもしれない。英語が時は金なりの先進国だからかもしれないが、私たちも時間を注ぎ込むという。注ぎ込んだお金に対してそれ相応の代償（利益、利潤）を期待するように、時間に対しても見返りを求める心性をもつのなら、私たちはすでに英語圏とメタファーの分野でも肩を並べることになる。

繰り返し述べるように、これはことばだけの問題ではない。お金を節約するのが美徳とされるなら、時は金なりのメタファーによって、時間を節約することも自動的に推奨されるようになる。たとえば様々な種類の家電がこのメタファーとともに家庭に入ってきた。私たちの日常生活が変わると同時に、私たちの考え方も変わったと認めるべきだろう。昭和の高度成長期を経て、私たちはいま本当に欲しいものがあるのだろうか。現在はあっても使っていない食洗器は必要なものだったのだろうか……。

†マネージメントの対象——時間・お金・人

時は金なりのメタファーでとくに気がかりな表現がある。

Many people don't know how to *manage* money.（お金の管理の仕方を知らない人が多い）

We must *manage* our time more effectively.（時間をもっと効果的に管理しなければならない）

We must *manage* the personnel more effectively.（人をもっと効果的に管理しなければならない）

manage（管理する）の名詞形がマネージメント（management）で、部下を掌握する人がマネージャー（manager）である。お金と時間と人とが共通の対象となる。これは西欧型ビジネスモデルの基盤的考え方である。要するに資源という見方をお金・時間・人に広げ、資金管理のみならず時間管理・人事管理もビジネスの重要な柱に据える。

このまま時は金なりがさらに進行すればどうなるのか。ミヒャエル・エンデはこのメタファーが一層強化された世界をファンタジー『モモ』で描いた。そこには灰色の男たちが暗躍する。時間どろぼうである。これについては次章で少し述べるが、驚くなかれ、時間どろぼうはすでに現実の世界に徘徊している！

You're *stealing* police time.（警察の時間を盗むな）
TV *stole* its time from radio.（テレビはラジオから時間を奪った）
They tried to *steal* time from their employers.（彼らは会社から時間を盗もうとした）

些細なことで警察に電話をするのは時間どろぼう（time theft）の罪になりかねない。より深刻視されるのが最後の例であり、すでに一九八四年のアメリカのある新聞は、「合衆国全土の従業員は今年度千五百億ドル分の時間を会社から盗む計算になる」と報じた（サンフランシスコ・クロニクル）。その手口は早退、遅刻、長い昼休み、私用電話、仮病、廊下での雑談などである。これらはすべて時間の窃盗だという。

時は金なりを強化する方向の現象はいまあらゆるところで見られる。時間をいかに管理すべきかについて書かれた実用書は何冊あるだろうか。ビジネスマン向けのものが多く、内容は似たり寄ったりである。ただ表現はおもしろい。

時間どろぼうをつかまえろ！

時間投資によって時間資産をつくる。
お金で時間を買う。
時間をコントロールできる人がお金もコントロールできる。

それぞれ異なる本からの抜粋である。もうモモの世界は始まっていたのだ。何かあるものをじっとゆっくり見つめる眼差しが消えつつあるように思えてならない。宮崎駿の世界に多くの人が惹きつけられるのは、失われつつあるものへの郷愁なのだろうか。

しかし現実に目を戻せば、お金と時間と人をコントロールしようとする力は緩みそうにない。人材派遣会社から送り出される派遣社員およびパートなどのいわゆる非正規雇用の労働者の割合が、全労働者の三分の一を超えている。雇用年限を課された非正規の仕事にどれだけの人が将来像をもって積極的に関われるだろうか。これでは企業の調節弁、単なる使い捨てだと感じてしまう。その大本は、人材ということばそのものにあるのではないか。人は資源だ資材だという見方。これを支えるのが、強化された時は金なりのメタファーなのである。

このような思考はいったいいつごろから芽吹いたのだろう。第二章で明治初期の状況を垣間見た。十八世紀のフランクリンのことばにも触れた。お金と時間（返済期日）の厳しい関係ならシェイクスピアの『ベニスの商人』(一五九六年頃)が古典的だ。十四世紀の初めのイタリアで銀行の形態が整おうとするころ(英語の bank の語源はイタリア語の banco で机・ベンチを意味した)、日本では鎌倉時代、兼好法師(吉田兼好)が『徒然草《つれづれぐさ》』の中でこう記した。現代語で要約して示そう。

わずかな時間を惜しいと思う人はいない。愚かしく怠惰な人のために言っておくなら、一銭はわずかだが、これを積み重ねれば貧しい人も富む人となる。だから商人は一銭を心底大切にするのだ。一瞬の長さは知覚できないが、これをただ無為に連ねれば死期にたちまち至る。

(第百八段)

ここにも時は金なりを信じる者がいた。ただしこれで金儲けに走るというのではない。仏道を修行する者はいまこの一瞬たりともむなしく過ごしてはならないと諌める。

さらに紀元一世紀のローマ帝国に飛ぼう。暴君ネロにも仕えた哲人政治家セネカは『人生の短さについて』の中でこう述べた。

われわれは短い時間をもっているのではなく、実はその多くを浪費しているのである。……われわれは人生に不足しているのではなく濫費しているのである。たとえば莫大な王者のごとき財産でも、悪い持ち主の所有に帰したときには、瞬く間に雲散してしまうが、たとえ並の財産でも善い管理者に委ねられれば、使い方によって増加する。それと同じように、われわれの一生も上手に按配する者には、著しく広がるものである。

（茂手木元蔵訳、岩波文庫）

歴史のどの断面にも、そこに何らかの貨幣経済が成立さえしていれば、時は金なりのメタファーが遠望できるのではないかと思えるほどである。しかし私たちはいつまでもここに留まってはいられない。時間のメタファーはお金を携えて流れを渡り、なおまだその先を行く。

2　時間に追われる

あわただしい日常を送る現代人なら、時間に追われるという思いを日々経験するのではないか。これはこれまでのメタファーと種類が違う。流れとお金を超えて時間のメタファーはなお広がる。その実態を見よう。

†「時間に追われる」の正体

追われるは受身である。中学校の英文法でS（主語）V（動詞）O（目的語）から目的語を新たな主語に立てて受身形を作る操作を習ったはずである。これを基準に考えると、日本語の受身は少し違うようだ。次の例を見よう。

雨が降る。
（私は）雨に降られる。

動詞に着目すると、英語の受身のVは、より正確に言えば他動詞（目的語をとる）である。しかし右の日本語の（雨が）降るは、明らかに自動詞である。にもかかわらず受身（風の）文が成り立つ。このような場合、日本語では迷惑をこうむったという感じが滲む。隣がビルを建てるのは――日照権などの問題がクリアされる限り――隣の勝手だが、

隣にビルを建てられた。

となるとどこか不満げではないか。建てるは他動詞であり、この点では英語の受身のルールと一致する。しかし目的語のビルはもとのままである。右の文はおそらく、（私たちは）隣にビルを建てられた、と解釈するように仕向けられているのだろう。すべてではないが、日本語の受身形にはしばしば迷惑感が漂う。

時間に追われる場合にもこのニュアンスが少し入り込む。それにもうひとつ、この受身文に対応する能動文がやや不安定である。両者を比べよう。

（私は）時間に追われる／追われている。
時間が（私を）追う／追っている。

最初が受身、二番目が能動である。能動形が自然に使われる文脈を探すのは簡単ではない。日本語には、悪夢にうなされるや、身につまされるなどのように受身形でしか現れない表現すらある。

それはそれとして、右のように受身と能動の形を並べると、意味的な対応がよくわかるだろう。時間に追われるとは、時間が私を追うという意味関係を表す。このとき、私を追う主体としての時間とは何者なのか。時間が何かを追うと言うときの時間である。この時間はどのような意味役割を担うのだろうか。

これをできるだけ一般的に考えるために、次の文を見よう。

Time *reveals* all.（時間はすべてを顕《あらわ》にする）

何かが何かをするときの何か——この場合は時——を行為者（agent）と呼ぶ。これは文中での意味的役割を表す。能動形では文頭に立って意図的に何かある行為を行う主体のことである。意志あるものなのでふつうは人。のび太が帰宅して自らドアを開けたのなら、のび太が行為者の意味役割を担う。

別にむずかしいことを言っているのではない。ただ、人が主語に立てばいつでも行為者になれるわけではない。のび太はおなかが減った、という文では、のび太が何かを意図的にやってはいないので行為者ではない。カラスは黒い、のカラスも行為者ではない。ただし右の Time を行為者だとするには、もう少し説明を加える必要がある。

†擬人法

日本人にはあまり好まれない表現法のひとつに擬人法がある。人でないものを人に見立てて表現する法と考えよう。しかし擬人法にはしばしば誤解がある。私たちは、擬人法と聞けば、樹々は陽気で誇り高い丘は微笑む、のようなわざとらしい表現を思い浮かべないだろうか。この呪縛を解くために、某社のスチームアイロンのキャッチコピーを見よう。

ワイシャツのシワも、眉間のシワも、
一度で消した蒸気のチカラ。

このコピーでは二度繰り返されるシワも気になるが、いまはあえて無視して、擬人法に焦点を絞ろう。意味関係を見やすくするために次のように書き換えてみる。

(当社のスチームアイロンの)蒸気のチカラが、ワイシャツのシワも、眉間のシワも、
一度で消した。

蒸気のチカラは擬人化された行為者である。(蒸気の)チカラは本来抽象概念だが、それがチカラを発揮する主体となってシワを消す。擬人法だけに限るなら、社会が病んでい

る、人にやさしい環境づくり、地球は生きている、コンピュータが感染するなども仲間である。新聞や雑誌の広告は擬人法に満ちている。そして何らかの効果を発揮することを謳う宣伝は、必ずと言っていいほどこの行為者の意味役割が与えられた擬人法を用いる。

さて、時間に追われるときの時間が、擬人化された行為者であることがわかった。私たちはそれにつかまらないように逃げるという図が頭に浮かぶ。でもまだすっきりしない部分が少し残るかもしれない。なぜ時間が私たちを追いかけてくるのか。この点がまだ解明されていないように思われる。そこで思い出してもらいたいのが、時間と出来事との関係である。

キーワードはメトニミー(換喩)。隣接関係に基づく指示の横滑りを意味した。流れる時間の例では、もうすぐ夏休みがやって来る。夏休みは時間の流れに乗って進む出来事(あるいは特定の期間)と見なせた。時間が流れなら夏休みはさしずめ川を下るボート、という関係である。出来事でもってそれと隣接関係にある時間の到来を表す。

時間に追われるは流れのメタファーではないが、やはりメトニミーの機構が働いていそうだ。その関係を示そう。

〔夏休みがやって来る〕

夏休み ――（隣接関係）―― 時間

〔時間に追われる〕

? ――（隣接関係）―― 時間

夏休みと時間との関係に合わせて、ただし逆方向に考えると、時間に追われると私たちが感じるとき、時間と隣接関係にある出来事は何だろうか。すでに推測がついたのではないか。それは締切およびそれに類するものである。ただしこの締切も擬人化された行為者としての締切である。これが私たちの背後にひたひたと迫る。

追うという表現はただ単に後をつけることではない。逃げるものを捕まえる目的で肉迫することを意味する。スピード感を伴うことが多い。時間に追われる者は切実な圧迫感を感じるだろう。追うものの息が首筋にかかるかのように。

右の例は擬人法に基づく行為者にメトニミーが絡むものだった。やや複雑な分析手続が必要となった。次はより単純な例を調べよう。メトニミーがほとんど感じられないか、感じられてもごくわずかなので当面は無視できるものに絞ろう。代表例は、時間が癒してくれる。

ここでは時間が擬人法にのっとって、行為者として主語に立つ。つらいことや悲しいことを時間の経過が癒してくれるという趣旨だろう。時間の経過と言ったように、流れのメタファーも関与するが、主たるメタファーは癒し手としての行為者の役割をもった時間である。

†行為者としての時間

右の例をもう一度読み直してみよう――時間が癒してくれる。日本語としての響き・調子はどうだろうか。何の問題も感じなければそれでいい。日本語も生きたことばとして日々変化しているのだから。それだけ行為者として主語に立つ擬人法が徐々に日本語に浸透しているということである。

この主語は無生物主語とも呼ばれる。典型的には抽象名詞が立つ構文である。次の例を見よう。

経済成長は私たちを豊かにするのか。

右の経済成長は無生物主語である。これが擬人的な行為者となって私たちを豊かにするという構図である。この文を次の表現と比べよう。

経済成長で私たちは豊かになるのか。

あるいはもう少し響きをやわらげて、

経済成長で私たちは本当に豊かになるのだろうか。

だんだん伝統的な日本語の落ち着きが感じられるようになったのではないか。もしそうなら、世界の言語という観点からして、それは日本語がナル型に属するためである。他方、英語はスル型を代表する。ＳＶＯパタンはスル型言語に特徴的な表現型である。日本語では、たとえば、

S会議が拡大路線を決めた。

というようなスル的表現よりも、

S会議で拡大路線が決まった。

のナル型の表現のほうがしっくりと響く。にもかかわらず、先に述べたように、日本語にも英語のSVOの無生物主語の表現型が拡大しているのは事実である。そこで英語のTimeが主語に立つSVOパタンの例をいくつか見よう。英語の得意とする構文である。まず癒しの例から。二番目と三番目は英訳として知られているものである。

Time heals all wounds.（時はあらゆる傷を癒してくれる）

Time heals griefs and quarrels.（時は悲しみと諍いを癒してくれる）——パスカル『パンセ』

Time heals what reason cannot.（時は理性が癒せぬものを癒す）——セネカ『アガメムノン』

ここに表されているのは、癒し手としての時である。慰めのことばなどでは癒されがたいものも、時がやがて癒してくれるという。欧文脈ではまさにぴったりの表現となる。日本語では少し軋む。

さらに、次の例では癒しの動詞がなくとも癒し手としての時の意味が伝わるだろう。

Time will make you forget.（時はやがて忘れさせてくれる）

これらの例のほか、時は人から美貌を奪ったり、何かを貪り尽したり、真価の評定者として立ち現れたり、恐ろしい復讐者となったり、書物を黄ばませたりする。このような時間の相貌はスル的構文の中で主語に立つ行為者の意味役割によって支えられる。追跡者としての時間もこの一環である。

さらに、行為者としての時間は英語の諺にもいくつか定着している。

Time will tell.（時がやがて語る）

Time works wonders.（時は奇跡を起こす）

前者は、時が経てば真実はいずれ明らかになる、後者は、難しい問題も長い時間を経るとおのずから解決することがある、を意味する（北村孝一・武田勝昭編『英語常用ことわざ辞典』東京堂出版）。他方、日本語の諺辞典の類を見ても、やはりナル型表現をベースにする言語であるために、行為者としての時間または時を主語に立てる例はほとんど見当たらない。

3　時間のネットワーク――時間のことばの全体像

哲学的瞑想、天文・物理学的理論、生物学的観察、社会学的考察、心理学的分析、文学的表現、文化人類学的解釈、政治・経済学的提唱などは、時間とは何かについて、あるいは時間とのつき合い方について様々な考えを述べてきた。しかし、時間のことばの分析を担当すべき言語学は、最近に至るまで比較的寡黙であったようだ。本書でここまで述べてきたことをまとめ、時間のことばの全体像を示すことは、私たちが日ごろ暗黙のうちに行っている時間認識を明るみに出し、その問題点を自覚させ、時間についての新しい展望を与えてくれるだろう。

†多義ネットワーク

私たちはひとつの概念を頭の中でどのように理解しているだろうか。意味の研究はなかなか正面切って行うことが難しかった。というのも、形が見えないからである。またひとつの語は、多義的であることが珍しくなく、複数の関連する意義がどのように絡まりあうのかも明確な見通しが立ちにくく、意味研究を遅らせる要因のひとつとなった。

しかし一九八〇年ごろからチョムスキーの生成文法からの転換が始まり、意味研究は次第に本格化した。その原動力となったのがメタファー研究である。メタファーは特殊なものではなく、日常のことばに遍在することが共有知識となった。その後、多義語の意義関係を記述するには、メタファー以外にもメトニミー（換喩）とシネクドキ（提喩）が欠かせないことが明らかとなった（瀬戸賢一編『英語多義ネットワーク辞典』小学館）。

メタファーはかなり広まっているとはいえ、メトニミーとシネクドキは舌を嚙みそうな名称であり、まだ人口に膾炙したとは言えない。しかしその意味するところは簡単かつ重要である。

英語の動詞 run を取り上げよう。

①〈走る〉
②〈走らせる〉
③〈(会社を) 走らせる〉
④〈速く走る〉

①が run のもっとも基本的な意義であり、これを中心義と呼ぶ。他の②―④の意義は中心義①からの直接的または間接的な派生である。②は①からの直接的な派生であり、①が自動詞（SVの構文を作る）なのに対して、②は他動詞（SVOの構文を作る）である。run a horse（馬を走らせる）のように表現できる。①と②は自動詞と他動詞の交替（自他交替）であり、これは因果関係による意義の連鎖である。

馬を走らせればその結果馬が走るという関連が見られる。また馬が走れば馬を走らせる原因があったのだろうと推測させる。もちろん馬だって自らの意思に基づいて走ることもあるだろう。しかし列車だと、それが走ればその動因がなくてはならない。いずれにせよ、〈走る〉と〈走らせる〉は、世界の中で緊密な隣接関係にある。自他交替に見られる因果関係は隣接関係の一例である。隣接関係に基づく意味の展開はメトニミーである。日本語では、〈走る〉と〈走らせる〉で少し形を変えるが、英語ではどちらも run である。

③は②からの意義展開で、ここがrunの多義の大切なポイントである。受験のころ手こずらされた覚えはないだろうか。runには〈(会社を)経営する〉というヘンな意味があるのだ。〈走る〉と〈経営する〉とでは何の意味的つながりもわからない。先生に質問してみても、試験に出るから覚えておけと突っぱねられた。だけどいまならよくわかる。これは、②の他動詞〈走らせる〉のメタファーである。つまり、run a companyは、会社を経営するではなくて、会社を走らせる。だから会社の運営などにはrunning cost(走るための経費=運転資金)がかかる。もちろんこれもメタファーである。

最後に④は①からの直接派生である。意味を日本語の例で説明すると、

イチローは走れる。

というときの走るである。これは単に①の走るではなく、〈速く走る〉という意味である。一般的な〈走る〉という類ではなく、その特殊型としての〈速く走る〉。意味の凝縮と呼べばわかってもらえるだろうか。これは、熱があるというときの熱が平熱より高い熱を、きょうは天気だの天気が晴れを、花見に行くの花が桜花を意味するのと同じパタンである。類で種を表す、または種で類を表す意義展開をシネクドキ(提喩)と称す。これもごく日

常的な意味の弾性現象であるが、気づかれにくい。

run の多義ネットワークには、メタファー、メトニミー、シネクドキの三種が登場した。そしてこれで終わりである。細部は省くがこの三種の意義展開パタンによって、すべての多義語が記述できる。英語のみならず日本語もそしておそらく世界中のどの言語も。

これで準備が整った。次に時間の多義ネットワークを示そう。

†時間のことばの全体像

これまで示した時間の意義に少し新しい説明を加えた概略的ネットワークを記述する。

①〈流れ〉（直線・円環・帯）《動く時間》《動く自己》
②〈期間〉（線分）
③〈時点〉（点）
④〈出来事〉——⑨〈頻度〉（回数）
⑤〈貴重品〉——⑥《お金》
⑦〈行為者〉——⑧〈追手〉（締切）

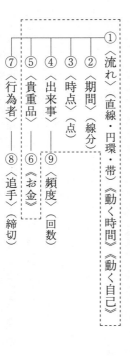

①―⑨の順に説明を加えよう。まず①〈流れ〉は時間の中心義であり、他のすべての意義はここから派生する。〈流れ〉は動き・動くものをイメージしやすく表したものである。これには《動く時間》と《動く自己》の二つの見方があった。それぞれ主体的な認知の仕方に応じて、自己は止まって時間が動く、あるいは時間が動きを止めて自己が動くという二つのとらえ方。

《動く時間》では時間は未来から過去へ向かって進む。これが日本語や英語などの世界の多くの言語の認識であった。時間は未来からやってきて過去の方向に過ぎ去る。時間の進む前方は過去で、未来が後方である。以前と以後、(今後)の表現はこの認識を反映する。《動く自己》は、これとは逆に未来を前方に見据えて歩む。背の方向は過去なのでときどき過去を振り返る。前途洋々、前向きに考える、進歩的な見方、先進国などの表現はすべてこの図に従う。

①のカッコの中に示された直線、円環、帯は時間の形を表す。直線と帯についてはすでに述べた。直線は両端が無限に伸びる。帯には幅がある。その中に入って時間の流れに身を委ねることもできる。この川を流れに逆らって進めば《動く時間》と《動く自己》を同時に認識する図が得られる。

もうひとつ、円環についてはまだほとんど触れていない。容易に踏み込めない領域だとわかっているからである。かつて直線的な時間が時間の矢（the arrow of time）ととらえられたのに対して、円環的な時間は時間の輪（the cycle of time）とイメージされた。円環の形象はぐるりと一巡する動きのことである。東洋思想の還暦はこの流れを汲む。一千年かけて一周する大きな円もある（グールド『時間の矢 時間の環』渡辺政隆訳、工作舎）。

矢としての時間、つまり一直線に伸びる時間が決定的な力を発揮し始めたのは、西洋では十七世紀以降である。反復せず一方通行である。産業的には進歩の概念と歩調を合わせ、生物学的には進化の思想を携えた。現代は、日本も含めてこの延長線上にある。このまま突っ走っていいのだろうか。あちこちで危険信号が点滅し、一時停止の旗が振られている。

次章でさらに述べるが、日本はすでに持てる国になった。そしてすでに人口減少の時代に入った。この時代において、まだ過去の成長モデルを信じ込み続けていいのか、と問わざるを得ない。時間概念の根幹に触れる問題である。

時間の形についてはもうひとつ、上下のメタファーに言及しておきたい。流れに勾配がつきものであるように、時間にも勾配をつける見方が少しある。弱いメタファーだが、たとえば上旬・下旬、上半期・下半期。中国語では先週・先月のことを上週・上月、来週・来月のことを下週・下月という。詳細は避けるが、これは《動く自己》の視点から日々の営みを概念化したもので、未来に向かって進行方向が下り坂になるという認識だろう。

次に②―④をまとめて考えよう。②〈期間〉と③〈時点〉については、②が線分に、③が点と対応し、両者はともに①の直線の一部が切り取られたものである。全体に対する部分という関係である。全体部分関係は、私たちの身体全体とその部分（たとえば頭や手）との関係と同じように、もっとも強い隣接関係である。①から②・③への意義展開は全体で部分を表すメトニミーである。直線と線分と点は、いわば地続きである。

④〈出来事〉の意義は①〈流れ〉からのメトニミー展開である。すでに述べたように、〈出来事〉は〈流れ〉に乗ってやってくる。〈出来事〉はいわば〈流れ〉に浮かぶ小舟である。小舟と流れは隣接関係に立つ。

⑤〈貴重品〉は本章一節では〈資源〉として導入したものに等しい。ここでは⑥《お金》との結びつきの強さから〈貴重品〉と呼ぼう。意味は同じく一般的なものである。①からの派生は言うまでもなくメタファーである。時間を大切にせよと言うとき、背後にあるメタファーは一般的な〈時間は貴重品〉である可能性が高い。必ずしも〈時間はお金〉でなくてもいい。

⑥《お金》の意義は⑤〈貴重品〉の意義から限定されて派生される。つまり《お金》は〈貴重品〉の一種である。この関係は、run の多義で示した類と種の関係である。速く走るは走るの一種という関係に等しい。⑤から⑥への意義展開パタンはシネクドキ（提喩）

である。

†時間の意味の中核部分

二重山形かっこと破線の囲いの意味をまだ説明していない。《動く時間》《動く自己》と並んで、《お金》の意義が時間のネットワークの中でとくに重要であることを示す。流れとお金は時間の二大メタファーである。広義の流れのメタファーはおそらく人類共通だと推測される。他方、現在のグローバル化の渦の中でお金のメタファーはますます前面に出て強権をふるう。流れのメタファーは後ろに退いて、認識の背景幕となっているかのようだ。

破線は、右の二重山形かっこを含めて時間のネットワークの主要な意義①—⑥を囲い込む。その囲いの中をもう一度見よう。①—④は、右に述べたように、人間の文化に広く見られるメタファーである。流れの進行方向とそれを認知するⓒ（認識主体）との間で多少とらえ方の差異はあるかもしれないが、時間を流れ（進行）のメタファーとみなす点では一致していそうである。この種のメタファーは自然系と称せよう。①のみならず、②—④も自然系に属す。

②—④の意義が①の意義と異なるのは、②—④がユニットを構成する点である。②であ

れば両端が決まる線分、③は一点、④ははじめと終わりが定まった出来事あるいは点として認識される出来事である。両端が切り揃えられると計測対象となる。

これらは、原初的には日周リズムあるいは月周・年周リズムとなって立ち現れただろう。日が昇り、日が沈み、また日が昇る。この繰り返しがリズムを作り文様を生む。刻みのリズムがそのまま刻みの文様となる。〈時点〉は刻みが入って〈時刻〉の意味を帯びる。日時計、砂時計、水時計、そしてやがて機械式時計への道が準備される。

破線の囲みの中にあっても、⑤は①—④とかなり性格が異なるようだ。①—④が自然系のメタファーなら、⑤は人工系のメタファーである。これがより強烈に光を発するようになるのは、十七世紀に西欧近代社会が成立して以降である。人工系の概念との結びつきを求めるなら、イギリス産業革命から始まる資本主義的な生産体制だろう。このとき、⑤、とりわけ⑥を懐深くに抱く時間は、時間の矢に跨ってついに高速で直進し始めた。

①と⑥は、ずいぶん距離があるように見えるかもしれない。しかし認識の深いレベルでつながっている。英語の current は、川の流れであり、人・交通の流れであり、時の流れである。いま流通している、がその形容詞義。ここから流通貨幣、通貨の意味の currency まではあと一歩だ。お金と流れは実はこんなに近しい関係にある。そう、お金は流通する。the flow of money（お金の流れ）と言うではないか。時間をかければ一巡して戻っ

てきさえしそう。circulate（循環する）、circulation（循環）は circle（円環）に近い語で、もちろんお金にも適用できる。天下の回りものとしてのお金は一か所に留まる気配がない。時間の環とお金の環が手を結ぶ。

次の諺を再び見よう。

Time and tide wait for no man.（歳月人を待たず）

この tide はいまでは潮の満ち引きを意味するが、かつては語形からもある程度推測できるように、time と同じく時間を意味した。ここにもお金と流れの密接な関係が見て取れるだろう。言語的にはお金のメタファーの背後には悠久のときが流れていたのである。

では囲いの外にいったん出よう。⑦〈行為者〉は主要な意義の枠外だが、その現代的重要性は低くない。この意義は行為者一般を指すのではなく、擬人法に基づく行為者としての時間である。何かある事態が起こるとき、それを引き起こすシテとしての役割を担う。

⑧〈追手〉（締切、締切設定者など）の意義がこれに続く。⑦と⑧は類と種の関係である。時間が出来事の意図的原因者となる。

⑧は⑦の一種（その具体例のひとつ）なので、意義展開は再びシネクドキである。〈追手〉

は代表例にすぎない。具象的な行為者は文化によって変化に富む。西洋であれば、人の命が尽きるとき、黒頭巾で身を包み大鎌を片手に握る死神の姿が目にされるかもしれない。人の命の時間を刈り取ろうというのである。伝統的な西洋の死神は、行為者としての時間のメタファー（化身）であり、意義⑧の仲間である。

⑨〈頻度〉の意義は、少なくとも日本語ではあまり明確でないかもしれない。度、回数としてもよかっただろう。出来事が繰り返される回数を数える。英語の once（一度）、twice（二度）以上は、three times（三度）、four times（四度）のように times で数える。複数形なのは、単位となる出来事が複数回起こる場合と対応するからである。

日本語の例を考えると、たとえば時間割で国語の時間が週三回あると表現するとき、これと似た認識をしているのかもしれない。おそらくこの時間は④〈出来事〉の意義が主たるものだろうが、仕事の時間や食事の時間や、いわゆる自由時間でさえ細かく切り刻まれてユニット化される昨今では、時間に度数・頻度の意味が接近しても無理からぬところだろう。時間給のことを考えてみよ。

時間のネットワークを①—⑨に分けて、まとめと補足的説明を加えた。時間の多義は一筋縄にはいかないが、まったく手に負えない相手でもない。各意義はてんでバラバラに存在しているのではなく、〈流れ〉の中心義を起点として緊密な体系的全体を構成する。流れの波は周辺にまで及ぶ。私たちはおおよそこのような時間概念を頭の中にもっているようである。

†〈時は金なり〉再訪

〈時間はお金〉あるいは〈時は金なり〉の親メタファーには宿題がひとつ残っていた。投射（マッピング）のことをもう一度思い返そう。

確かにお金を使うように時間を使う、お金を浪費するように時間を浪費する、お金を惜しむように時間を惜しむなどの表現では、お金のおもだったことばが次々と時間の領域に投射された。しかし、たとえばお金を預けて利子がつくように時間に利子がつくわけではない。これを一般的なモデルで考えよう。

起点領域とは〈時間はお金〉のメタファーならば、お金の意味領域である。図17の白丸が使う、浪費する、惜しむなどに相当する。これらは問題なく時間の目標領域に投射されて時間のメタファーとなる。他方、起点領域の白三角は目標領域に投射されない。たとえばお金は預けたり、利子を生んだり、必要に応じて引き出したりすることができるが、これらを時間の領域ですることは現実世界では少なくともまだ一般化していない。

白三角△の意味合いはこれでわかってもらえただろうか。しかしなぜ△はマッピングさ

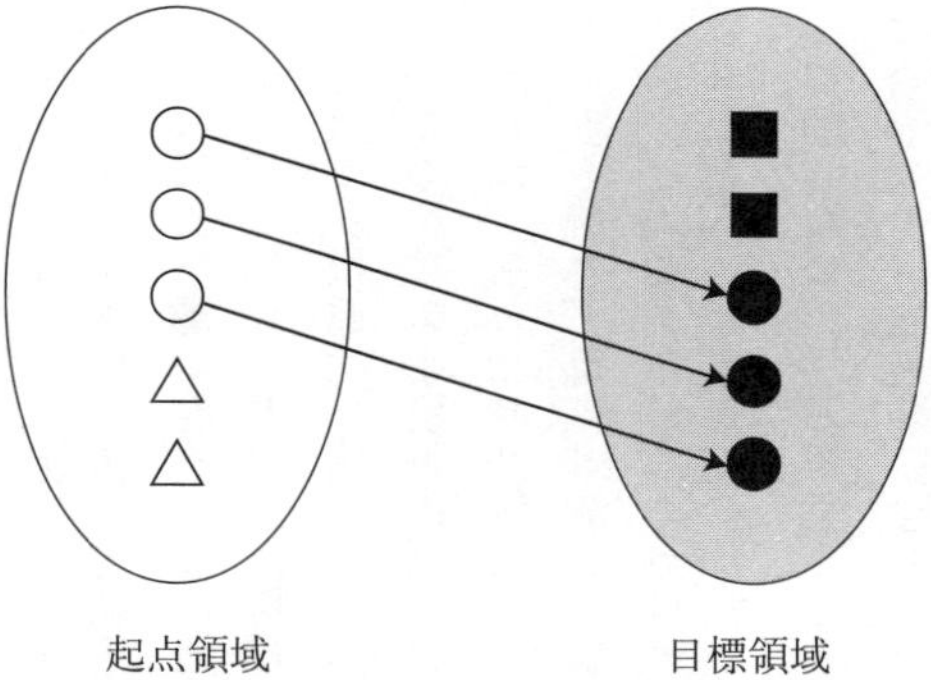

図17　マッピングできるもの・できないもの

れないのか。お金の表現としては何ら問題がないのに、どうして投射される○表現とそうではない△表現に分かれるのか。これは実はかなり意味深い問題である。そこで目標領域をしっかり見よう。黒四角■は何を表すのか。マッピング以前にすでに存在する目標領域の表現である。時間ならさしずめ流れの表現。すでに見たように〈流れ〉は時間の中心義である。その影響は全体に及ぶ。目標領域が灰色で塗りつぶされているのはこのことを示す。投射の条件を一般的に表すと次のようになる。

〔投射条件〕
投射は既存の■の意味と矛盾しないように行われなくてはならない。

〈時間はお金〉の親メタファーで説明すれば、〈流れ〉の意味を表す■がすでに目標領域に存在する。その重要な特性のひとつは、一方向への進行である。太陽が東から昇り西に沈むように、川の流れは上流から下流に向かって一方向的に流れる。この一方向性という特質は目標領域全体を統率すると考えられる。

それゆえ、お金を預けて利子付きで戻ってくるような往復のイメージと矛盾する。△のマッピングは■の存在によって阻止される。またお金の貸借はあっても時間の貸借はふつうない。これも一方向性の特質と齟齬をきたすからだろう。

ではより根源的な問いを発しよう。投射の条件にある既存の■は、どうして存在するに至ったのか。いま慎重に問う。すでにあるとされる■はどこから来たのか。再び時間の例に戻れば、流れは時間固有の、いわば原初的な概念なのだろうか。否、そうではないだろう。雲も流れ、電気も流れ、質も流れる。会議が流れることもある。流れはれっきとしたメタファーである。この点はすでに述べたとおり。

問題は、この流れのメタファーがどこから来たのか。このメタファーもマッピングによって生じたのか。おそらくそうではない。一般にことばは音と意味からなる。いまの状況に合わせて、これを「ジカン」と〈流れ〉と表記しよう。「ジカン」が音で〈流れ〉が意味。では改めて問おう。まだ〈流れ〉の意味が生じない「ジカン」は頭の中に存在できるだろうか。音の枠組だけの「ジカン」が、いわば意味の到来（あるいはマッピング）を待ち受けているような状態である。これはことばの誕生の瞬間にかかわる。

音と意味は同時でなければならない。音だけあって意味内容は空っぽというのは異様な光景だ。かといってその成立の当初から意味がしっかり充実していなければならないということはない。漠然とした思いから徐々に整っていく意味が十分に考えられる。とりわけ時間のような抽象概念ではそうだろう。ただし、本書で繰り返し述べたように、そのような概念には中心と周辺がある。〈流れ〉はその中心的な意義としてのステータスをもつ。〈流れ〉を中心としたネットワークが神経網のように次第に形成されていく。

†時間のことばの大切なこと

まとめを兼ねてこれまでの議論でもっとも重要な部分を抜き出そう。

・ことばは音と意味からなる。一方のみでは存在できない。

オノマトペ（擬音・擬態語）のように音が優勢な表現でさえ意味を伴う。時間に関して言えば、「ジカン」という音には必ず意味が伴う。

次に時間の意味を三段論法で示そう。

〔大前提〕すべての抽象概念はメタファーである。
〔小前提〕時間概念は抽象概念である。
〔結論〕ゆえに時間概念はメタファーである。

詳細は省く。結論の意味するところは、時間に固有の本来的意味はなく、メタファー以上の日常的意味はない、である。ただしこのメタファー（に基づくネットワーク）は、ある文化の中で人々におおよそ——完全にではなく——共有される。私たちはいわばその共同幻想を生きる。この点は抽象概念一般に当てはまるだろう。人生の意味を考えるときもそうである。〈人生は旅〉のメタファーについては先に触れた。

・時間のメタファーの中心義は〈流れ〉である。

〈流れ〉の語義をもたない時間概念が世界の言語のどこかに存在するかどうかは、今後の実証的な研究を待たなければならない。しかしいまのところそのような報告はない。たとえそのような言語が発見されたとしても、ことさら大さわぎすることはない。ただそこで時間がどのように認識されているのかは興味深い。

・〈時間はお金〉の親メタファーは変更が望ましい。

これはまとめではなく、次章のテーマである。

第五章

新たな時間概念を求めて

ルネ・マグリット「大家族」The Great Family
©ADAGP,Paris&JASPAR,Tokyo,2017 G0780

〈時間はお金〉の親メタファーの是非について考えよう。現代社会が抱える大きな問題がこのメタファーにかかっているからである。たかが比喩と侮ってはいけない。メタファーはしばしば無意識のレベルで私たちの思考を誘導する。

1　〈時間は命〉

†モモと時間どろぼう

かつて私はレトリックの発祥の地、イタリアの南端シシリー島の町シラクサを訪れたことがある。目的のひとつはそこの古代の円形劇場を目にすることだった。数日前にはアテネのアクロポリスの丘の真下の円形劇場に立っていた。

アテネから遠く隔たっているのでシラクサの劇場はいくぶん小ぶりだろうと思っていたが、そうではなく、アクロポリス直下の劇場と比べて規模において遜色はなかった。おそらく石の舞台に役者が立って肉声が届く範囲を基準としたからではなかろうか。

ミヒャエル・エンデのファンタジー『モモ』はこのような円形劇場から始まる。その舞台は古代と物語の現在を結ぶ。副題は「時間どろぼうと、ぬすまれた時間を人間にとりかえしてくれた女の子のふしぎな物語」。その子の名はモモ、十歳くらいで髪の毛はもじゃもじゃ、服はだぶだぶ、その廃墟の小部屋に住みついてしまう。今風に言えば浮浪児だが、慌しい時間の外にいて人々の心を癒してくれる。

円形劇場はおそらく時間の環と時間による和を象徴するのだろう。モモはたっぷり時間をもっていて人々の話に真剣に耳を傾ける。子どもたちはこの円形劇場で想像力をはばたかせてのびのびと遊び、大人たちはゆったりとした気持ちを取り戻して家路につく。いつしか困ったときには「モモのところに行ってごらん！」が合言葉となった。

モモのまわりには道路掃除夫のベッポや観光ガイドのジジたちが集まってくる。ベッポは何事でもじっくりと考え、仕事はゆっくりと着実にやる。ジジは物語を得意としていたが、モモと知りあってからは翼が生えたようにストーリーが空高く舞うようになった。

そんなある日、灰色の男たちが現れた。時間泥棒だ。人々の心の隙をついて忍び寄る。生きた時間を人から奪って自らの命をつなぐ。葉巻の煙がその手段だ。最初の犠牲者のひとりは床屋のフージーさん。道路に雨がはねるいやな灰色の日だった。これまでの生きざまを振り返ると、はさみとおしゃべりと石鹸の泡の空しい人生だ、とふと思う。生きていて何になっただろう。死んでしまえばすぐに忘れられてしまう。

灰色の男は時間貯蓄銀行の外交員である。ことば巧みにフージーさんがいかに時間を浪費してゆとりのない生活をしているかを計算ずくめで説明し、無駄な時間を節約して銀行に預ければ、五年後には利子がついて二倍になって返ってくると説き伏せる。灰色の男は功利主義を徹底させた計量思考を象徴する。これが〈時間はお金〉の親メタファーがより強化された世界であることはすでに明らかだろう。いまの世の中にはこれほどあからさまな時間どろぼうは存在しない。時間貯蓄銀行もなければ時間に利子のつくこともない。冷静に考えればこんなことは当たり前なのに、〈時間はお金〉が支配する世界ではこれがまかりとおってしまう。私たちのいまの世界でもすでにその兆候が表れていることをこれまで何度か指摘した。お金はすべてを量る基準となり、すでに為替相場を通じて売買の対象となっている。つまり商品そのものでもある。

こうしてモモの住む街には標語が高々と掲げられる――「時間節約こそ幸福への道！」「時間節約をしてこそ未来がある！」「時間は貴重だ――むだにするな！」。これらのスローガンはすべて〈時間はお金〉の親メタファーから派生される子メタファーである。この場合なら子ねずみメタファーと呼んでもいい。灰色でねずみ講のように広がっていくのだから。自由時間、余暇の時間さえ餌食にされる。私はかつてこう書いた。

「自由時間」が、もし人を拘束する連続的な時間の谷間にしつらえられた小さな隙間のことであるなら、それは「拘束されていない時間」という消極的・否定的な時間のことでしかないだろう。断片的とならざるをえない時間。ベルが鳴れば、笛が吹かれればそれで終わる時間。それは、単に与えられた時間であり、間もなく拘束される時間のことである。(『メタファー思考』講談社現代新書)。

さらに「時間」と「とき」を対比させてこう続けた。

だから、私たちは、ときに必死に遊ぶ。効率よく遊ぼうとする。盛り沢山にあれもこれもと欲張る。もう分かるだろう。これは、計量思考に基づく「時間」の枠内の「自由時間」である。この意味での「自由時間」は、「自由」の一種ではなく、「時間」の一種である。これを狙ってレジャー産業が接近を試みるのは、むしろ当然のことであろう。そこで大小様々なメニューが予算に応じて用意される。「自由時間」は、こうしてお金と交換され、計量思考にのっとったプログラムのなかに組み込まれていく。遊んで元をとらないと「損」だと思う。(同)

モモの世界でも、余暇の時間は少しの無駄もなく使わなくてはという考えがはびこり、できるだけたくさんの娯楽を限られた時間に詰め込もうと、もうやたらせわしなく遊ぶことになってしまう。

†克服の道――〈時間は命〉

〈時間はお金〉のメタファーが増強されて人間性が奪われる世界はすぐそこに迫っている。私たちはストーリーを追うのをやめて、このメタファーと対峙しなければならない。灰色の男たちは姿を変えて私たちの生きた時間を巻き上げ、私たちが実感できる寿命は縮まり、貧富の差は拡大し、貧困に発する悲劇と犯罪が増え、社会的不満がますます高まっている。一方環境破壊が進み、異常気象が常態化し、資源は枯渇寸前である。このまま資本主義が成長経済をモデルとして持続発展するとは考えにくい。

モモの世界の中では、灰色の男たちは人間が生み出したとされる。人間がその隙を与えたのである。では、すべてをお金に換算する計量思考を脱するにはどうすればよいのか。そこで原点に立ち返って、〈時間はお金〉の親メタファー＝私たちの基本認識を変革する道筋を示そう。

〈時間はお金〉の起点領域〈お金〉を取り換える。

時間のメタファーの根本的転換を意味する。『モモ』の中にも具体的提言がある——〈時間はお金〉に対する〈時間は命〉。お金と命を交換する。ただし命は独語の Leben の訳なので、英語の life と同様に多義である。生きること、生活、一生、生涯、生命、命が一語に凝縮され、これらすべてが時間概念に厚みを与える。〈時間はお金〉のメタファーとの関係は次のようになるだろう。

〈時間は貴重品（資源）〉
　├〈時間は命〉
　└〈時間はお金〉

たとえば時間は大切である、の解釈は、〈時間は命〉の新しい親メタファーに従えばどうなるだろうか。時間は命のように大切であるとなる。時間は、お金のように大切であるのではなく、命のように貴重なもの。これは解釈の大転換であろう。認識の根底的な変革である。同じく、時間を無駄にしてはならない、の理解は、命を無駄にしてはならないのと同じように時間を無駄にしてはならない。さらに命を救うように時間を救う、という新しい表現も生まれるかもしれない。このようなメタファーの普及と定着には、教育が深く関わらなくてはならない。たとえば命を粗末にして過労死を招く社会は変えていく必要があるだろう。

ただし実践的には、〈時間は命〉の新しいメタファーが定着するまでには多くの曲折が予想される。それほどまでに〈時間はお金〉が社会に広く深く浸透しているからである。現在では、命さえ売買の対象とされる。お金が商品となるだけではなく、命さえ商品化されるのである。たとえば臓器売買を考えよ。そこまであからさまでなくとも、先端技術による最新医療のことも考えよ。誰でもが受けられるわけではない。人ひとりの命に軽重はつけられないのだが……。

〈時間は命〉から〈時間はお金〉の影響を排するためにはどうすればよいのか。〈時間は命〉の独立性をより確かなものにする方策が求められる。次の案はその一例である。

〈時間は貴重品（資源）〉
- 〈時間は貴重な贈物〉―〈時間は命〉
- 〈時間はお金〉

〈時間は命〉の上にもうひとつ〈時間は貴重な贈物〉の階層を加える。命は貴重な贈物（の一種）、という見方を間に挟む。これによって〈時間はお金〉のメタファーの影響を遠ざける。これは単にことばいじりをしているのではない。私たちの認識のあり方を変える準備をしているのである。発想の転換を伴う。ふだん意識に上りにくいメタファーの根幹を意識的に変える努力が必要だ。もちろん一朝にして成せることではない。これを承知の上でのことである。

†〈時間は命〉の内部構造

では〈時間は命〉の内部構造を見よう。命は独語の多義語 Leben の意義のひとつであった。主なものを整理すると次のようになる。

①命、生、生命
②生活、暮らし
③人生、一生、生涯

①が中心的な意義（中心義）。①を中心に②は命の営みを表す。生活や暮らしは命の営

みでありプロセスであろう。③は命の期間を表す。人生、一生、生涯は命が続く期間である。①は②と③の意義の源泉であり、その前提と考えていい。命あっての生活であり、命あっての人生。

次に①—③の意義を具体性の観点から比較しよう。①の命は、②と③と比べてより具体的ではないか。具体的に違和感があれば、一種の生々しさと言ってもいい。人により、心臓の動き、脳の活動、細胞の働きなどに関心を寄せるだろう。もちろん命そのものはこれらの経験から抽象されたものであり、直接手に触れることはできない。しかしたとえば赤子の産声に命の誕生を実感することもあろう。危うく命を落としそうな体験をした人もいるのではないか。

①と比べて②はより抽象的である。一見より具体的であるように思われるかもしれないが、生活は概念として十分に抽象的である。③の人生はより抽象度が増す。むしろ人生はつねに意味づけを必要とする側ではないか。メタファーの基本パタン〈AはB〉において、人生はA（目標領域）に入る項目だろう。人生とは何か。先に触れた〈人生は旅〉はそれに答えるメタファーのひとつである。これに対して〈時間は命〉の命はB（起点領域）に挿入される候補である。人生は喩えられる項であり、命は喩える項である。言語事実として、〈時間は人生〉はメタファーとして役立ちそうにない。

次に①をもう一度眺めよう。

①命、生、生命

生《せい》は、生と死、この世に生をうけるなどの表現を除くと、一語としての独立性を保って用いられることは少ない。この生と命を合わせた生命は、音読みで漢語的響きであり、主に科学の分野で使用される。①の三者の中では、命のみが日常的な身体的実感が得られる語ではないか。〈時間は命〉〈時は命〉の形のみが親メタファーとしての豊かな内実を期待できそうだ。

実は独語の Leben も、Zeit ist Leben.（時間は命、Time is life.）のメタファーの中でおもに意味するのは命だろう。これにはちょっとしたいきさつがある。『モモ』の最初の大島かおり訳（一九七六年、岩波書店）では〈時間は生活〉であった。これに子安美知子が『「モモ」を読む』（一九八七年、学陽書房、のち朝日文庫）の中で〈時間はいのち〉を提案した。その後大島訳は改訂されて、〈時間は生きること〉となった（二〇〇五年、岩波少年文庫）。全体として優れた訳だが、ここだけはメタファーの観点からも〈時間は命〉を取りたい。

この点は『モモ』の作品の内容からも支持されよう。命の特性で真っ先に挙げられるのは、大切であること。先に述べたように、時間が大切なことは言うを待たない。それも命のようにという限定つき。これは全編を貫くライトモチーフだろう。この大切なものを時間どろぼうに盗まれ、時間を司るマイスター・ホラとゆっくり歩む亀カシオペイアの助けを借りてモモが苦労のすえ取り返す。時間は第一に大切なものである。お金では量れないほど大切である。

ただし、大切であるとだけ言いたいのならそのまま言えばいい。面倒なメタファーの迂回路は不要だろう。

†命の特性

これはメタファーの本質にかかわる問題である。文字通りの意味が音楽でいう単音（モノフォニー）だとするなら、メタファーは複数の声部からなるポリフォニーである。うんと豊かに響く。それに応じて時間の意味も増幅される。命の意味（特性）はたとえば次に見られるとおり。

命は貴重だ。

命を惜しむ。
命の贈物。
命が限られる。
命を削る。

これらを時間の領域に投射しよう。

時間は貴重だ。
時間を惜しむ。
時間の贈物。
時間が限られる。
時間を削る。

きれいに投射が成立する。しかしメタファーではつねにそうであるように、起点領域（B）の特性がすべて目標領域（A）にマッピングされるわけではない。たとえば命を落とすとは言うが、時間を落とすとは言わないだろう。命の恩人はあっても、時間の恩人はふつうではない。
もうひとつ検討すべきことがある。右の投射が成立する五組の例をよく眺めなおそう。命の特性に相当する表現の品詞は、できるだけ多様なものが選ばれている。しかし意味的には一定の範囲に絞られていることに気づかないだろうか。貴重だ、惜しむ、贈物……などは、要するに、命は大切だ、の個々の意味的側面である。バリエーションは狭い意味領域に限定される。焦点がはっきりしていると言ってもいい。この条件の下でマッピングが成立するようだ。〈時間はお金〉のメタファーの場合と異なる重要な点だろう。
メタファーの広がりが（まだいまのところ）限定されるのは悪いことではない。それだけはっきりとしたメッセージが伝わるということなのだから。たとえば次の表現を考えよう。

時間が尽きる。

このおおよその解釈は、〈時間は命〉の親メタファーに従えば、（大切な）命が尽きるように（大切な）時間が尽きる、となるだろう。決して（大切な）お金が尽きるように（大切な）時間が尽きる、ではない。お金の場合なら、金の切れ目が縁の切れ目のような生臭さが紛れ込む。命のメタファーは清廉である。

また、やはり大切だという意味を保持しながら、命を育てる、命を育《はぐく》むという視角から時間を眺めれば、ときが熟するのをゆっくりと待つという姿勢も見えてくるだろう。成熟するのをじっと待つ。これに対して現代社会はつねに早く！　対極的な心の構えだろう。メタファーの選択はあり方や生き方の選択でもある。

2　時間の円環を取り戻す

†一生・生活・命

〈時間は命〉は時間概念のすべてではない。ネットワークの一部である。〈時間はお金〉に代わるものとして提案された。この点を一生・生活・命の意味構造から振り返ろう。社会・経済的な課題とどうしても接するが、できるだけメタファーの観点から大きく逸れないようにしたい。図18に要点を記す。

命（中心義）を基礎として、その上に生活と一生が積み上げられた意味的な三層構造である。右は自然を基盤として、その上部に社会（共同体）と個人を置く社会・経済構造を

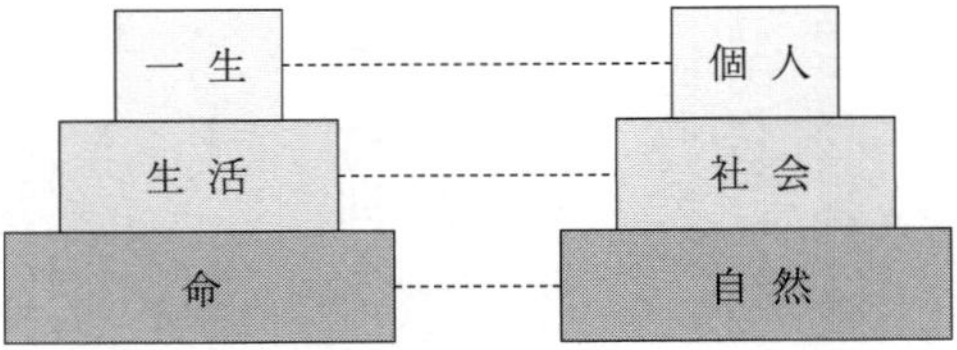

図18　一生・生活・命の三層

表す。さらに両者の間の主な——唯一のではない——対応関係を破線で結ぶ。命は自然に育まれる。人の命のみならず、生きとし生けるものすべての命を表すと考えていい。次に生活は社会の中で成り立つ。これも人間の社会のみならず、たとえばアリの社会や水草の生態系も考慮に入れることができる。一番上の一生は線分的に期間の定まった個人のレベルと対応するが、他の生物やたとえば水滴の一生を考えることもできよう。

まず命と自然との対応を概略的に述べよう。これまで重点的に取り上げなかったが、メタファーの立場から時間の環にもう一度触れておきたい。時間の意味ネットワークの一部に〈時間は命〉が組み込まれるなら、時間の中心義〈流れ〉の影響を受けるだろう。命は大切なものでありながら、淀みにたゆたい、あるいは移ろいゆく。その形態が直線ではなく環であるという見方は古くからある。自然が循環するように時間は環を描く。その環が大きな円であるなら、直線と曲線の地上での対立はほぼ解消されてしまう。《動く時間》と《動く自己》もまっすぐな弧を進む。

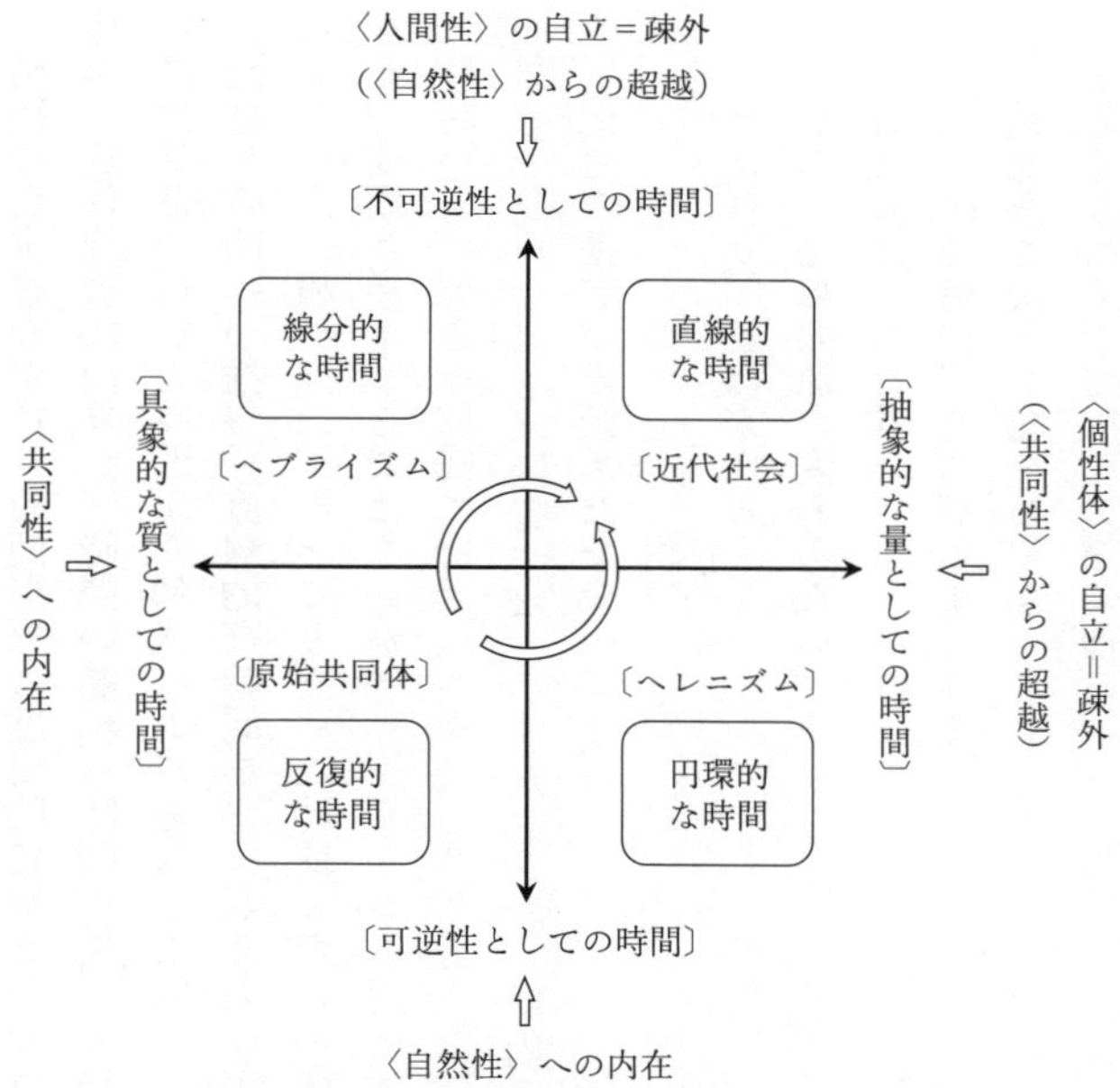

図19　時間の形態の変遷（真木悠介『時間の比較社会学』より）

図19は真木悠介が描く時間形態の歴史的変遷とその意義である。概略的には、原始共同体から近代社会に向けて、時間の環から時間の矢へと移行することを表す。言い換えれば、自然に基盤を置いた時間から個人に力点を移した時間への変化。循環する時間から一直線に延びる時間への推移。直線的な時間をまっしぐらに突き進む現代社会にいま必要なのは、自然の概念に根づいた、ゆったりとした時間の環の回復ではないか。回帰する時間の環をもう一度取り戻すことではないか。

時間の矢の大きな契機になったユダヤ・キリスト教においてさえ、その古層に時間の環の思想を見出すことは困難ではない。たとえば『旧約聖書』(中沢洽樹訳、中央公論新社)の「伝道の書」の冒頭あたりを引こう。

世は移り、世は来たる、
しかし地は永遠に変わらない。
日は昇り、日は沈み、
その所に急ぎ、そこからまた昇る。
風は南に吹き、北をめぐり、
めぐりめぐって、その道に帰る。

川はみな海に注ぐが、海はあふれない。
川はいつまでも河口にむかって流れる。
すべてのことが退屈で、語る力も出ない。
目でいくら見ても果てがなく、
耳でいくら聞いても尽きることがない。
かつてあったことは、またあろう。
かつてなされたことは、またなされよう。
天が下に、およそ新しいことはない。

「天が下に、およそ新しいことはない」、は有名な一節だろう。環を象徴する。ここで時間の環について本格的議論はできない。ただ、有史以前、有史以後、そしてある程度現代においてさえ、天体の周期、人間を含む動植物の季節的循環、人の一生のサイクルは、円環的時間の形象を私たちの認識の内奥にしっかりと刻印してきただろう。冬至の大規模な祭りは世界各地でみられるが、これは弱まった太陽に復活を祈るものだった。

†スローライフと定常経済

テンポを落とせという声や行動はいろいろな場所で見聞きできるようになった。しばしば〈時間はお金〉のメタファーへの懐疑と一体である。というのもお金はいま商品となって高速で移動するからである。時間と二人三脚で。支えるのは高速のコンピュータ。金融のプロでなくとも、一世代前のパソコンにはつい苛立ちを感じてしまう。これでは時間もますます高速で回転する。

スローフードはファーストフードに対するひとつの反対運動として始まった（筑紫哲也『スローライフ』岩波新書）。それでなくとも日本人なら、ファーストフードにはすぐ飽きるかいずれ飽きる。毎日ハンバーガーを食べ続けることは無理だろう。スローライフは、スローフードをベースとした生き方の選択である。

私たちがいま選択を迫られているのは、日本が先進国でもっとも早く人口減少期に入ったからでもある。このことの意味は大きい。老齢人口が増えて若者の数が減る。社会保障が不安で消費が伸びない。大企業が儲かればその滴りが中小にも及ぶという甘い目論見は、一般家庭の収入が実質的に上向かないことによって裏切られる。年金は減額され、受給年齢が引き上げられ、非正規雇用は三人に一人を超えて格差は拡大する。

考えなければならないのはポスト資本主義の社会、成長経済から定常経済への移行である。定常経済の根本にある考えは、地球は有限の閉じたシステムだということ。右肩上がりの成長はいつまでも続かないだろう。先進国は見えない天井にもうあたっている。発展途上国はまだ成長の余地があるが、それでもやがて天井に突きあたる。そのとき定常経済の中で福祉国家をいかに実現するかがカギとなる。漁獲制限がなぜ必要なのかを考えてみよう。持続可能な社会の仕組はどう構築されるべきか。

メタファーに戻ろう。スローライフも定常経済も、私たちの意識が変わらなければ実現できない。〈時間はお金〉に代わって〈時間は命〉を提案し、その命も《動く時間》と《動く自己》の流れの中に委ねられるとした。その経路は大きな輪を描く。ただしスピードは落として。しかし深く食い込んだ〈時間はお金〉のメタファーをそう簡単に排することはできないだろう。新しいメタファーに移行するには、まずお金の概念を変えることから始めなければならないだろう。

その方向への萌芽も少しずつ見られるようになった。利子が付かない地域通貨の知識と実践はすでにある程度の広がりを見せている。これは地産地消の考え方をベースとしたスローフード、スローライフの運動と手を結ぶ。地元の食材を地域の伝統と工夫によっておいしくいただく。よって近隣の人たちも呼び込む。

時間のメタファーについて述べながら、メタファーとは何かについてもかなりの紙幅を割いた。おもにこの二点に重点を置いて全体をまとめよう。

①メタファーとは何か？

〔総説〕

・未知の概念を、既知の概念を通して理解する重要な方法である。

・ことばの問題だけではなく、認識と行動の問題でもある。

〔形式〕

・親メタファーは〈AはB〉の典型枠に従い、Aは抽象概念（未知）でBは具象概念（既知）である。

〔定義〕

・類似性に基づいてBの表現でAを理解すること。

〔マッピング〕

・起点領域（B）から目標領域（A）へ個々の表現が投射される。

・マッピングは投射条件に従い、部分的である。
〔展開〕
・親メタファーはいくつかの子メタファーを従える。
〔効用と限界〕
・個々のメタファーは目標領域の一部を照らし、他の部分を闇に葬る。
・目標領域を照らすのに、複数の親メタファーが活用されることがある。

②時間とは何か？
〔総説〕
・時間は抽象概念なので、メタファーなしでは理解できない。
・メタファー以前に時間固有の人間的意味はない。
・時間は多義語として多義ネットワークを構成する。
〔流れ〕
・〈流れ〉は時間のメタファーの中心であり、普遍性が高い。
・〈流れ〉（進行）は《動く時間》と《動く自己》に二分されるが、両者を総合する認識は可能。

・一般に《動く時間》は未来から過去に、《動く自己》は過去から未来に向かう。
・《動く時間》の前方は過去、後方は未来。《動く自己》の前方は未来、後方は過去。
・認識主体（Ⓒ）の位置づけは重要である。

〔お金〕
・〈時は金なり〉は、Time is money. の翻訳としておそらく口調のよさから成立した。
・「時ハカネナリ」は一九〇三年の小学校の教科書にはじめて現れた。
・〈時間はお金〉の究極の表れは時間給である。
・お金の高速化に応じて時間も高速化する。

〔時間ととき〕
・時間は明治期の翻訳語で硬く響き、ときはやまとことばで柔らかさを保つ。
・時間のメタファーの発展と浸透は明治期以降の文章で検証できる。

③メタファーと現代
・〈時間はお金〉は世界を席巻する。
・持続可能な定常経済を構築するべき時期である。
・それにふさわしい新しいメタファーが必要である。

・〈時間はお金〉に替わるべきものとして〈時間は命〉が提案される。
・命のもっとも重要な特性は、大切であること。

流れのメタファーは普遍性が高く、今後も廃れないだろう。しかしこのままならますます背景化してしまいかねない。その経路のひとつである環については詳しく論じられなかったが、今後新たな命を吹き込まなければならないテーマのひとつである。その思いを込めて、

時間は円環する命

を最後に提案する。円環するのは時間であり命である。これが大きな円を描いて社会全体を包み込む時代が見えてくることを願いたい。メタファーそのものに命が宿る。

あとがき

時間論といえば物理や天文が活躍し、哲学がときどき横槍を入れたり、そんなことどこ吹く風と心理や社会・経済などが幅を利かせて、とにかくワシにも言わせろ、ワシにも書かせろと、まさに百花繚乱の分野である。

割り込む隙間もなく、近寄っただけではね飛ばされそうなこの勢いに気圧《けお》されて、言語学は寡黙なままただひたすら忍従の日々を過ごしてきた。が、ここにきて少し風向きが変わってきた。理系の方面からもメタファー（隠喩）が評価されるようになった。

好機到来とばかりに一歩踏み出したはいいが、日ごろ勝手知ったる道とは異なり、右往左往すること数年、中断も長引けば、それ見たことかと後ろ指さされそうで、ぐっと踏ん張ってものしたのが本書である。

具体例を出すのはお手のもので、用例に語らせる、ことばの実例で脇を固めるという手法でメタファーを繰り出しながら、時間とは何か、時間が頭の中でどのように理解されているのかを探った。

時間論でいつももどかしいのは、ことばの証拠の質と量である。脳をまだ直接生きたまま調べられないので、こっちは脳みそを通過した具体的な表現をしっかりと調べる。それもたっぷりと。これならいくらでもできる。従来の時間論が手薄だった点だ。

〈時間はお金〉（時は金なり）——このメタファーだけは何とかしたい。いま世界はこのメタファーにわしづかみにされている。私たちの時間認識は、お金のことばで真っ赤に染まったままでいいのか。この深く食い込んだ鉤爪からどうにか逃れないと、ポスト資本主義も、持続可能な定常経済も絵空事になってしまう。こんな危機感も本書執筆を後押しした。

*

遅筆をちっとも気にせず、ゆっくり静かに的確にリードされた編集部の金子千里さんに深く感謝する。図表は佛教大学大学院生の隅田貴博君の手を煩わせた。また校正については学部生の稲垣渉君、髙田智史君と上原健汰君の献身的な助力を得た。記して謝意を表したい。

二〇一七年　新春

瀬戸賢一

ちくま新書
1246

時間《じかん》の言語学《げんごがく》
――メタファーから読《よ》みとく

二〇一七年三月一〇日　第一刷発行

著　者　瀬戸賢一（せと・けんいち）
発行者　山野浩一
発行所　株式会社 筑摩書房
東京都台東区蔵前二-五-三　郵便番号一一一-八七五五
振替〇〇一六〇-八-四一二三
装幀者　間村俊一
印刷・製本　株式会社 精興社
本書をコピー、スキャニング等の方法により無許諾で複製することは、法令に規定された場合を除いて禁止されています。請負業者等の第三者によるデジタル化は一切認められていませんので、ご注意ください。
乱丁・落丁本の場合は、左記宛にご送付ください。
送料小社負担でお取り替えいたします。
ご注文・お問い合わせも左記へお願いいたします。
〒三三一-八五〇七　さいたま市北区櫛引町二-六〇四
筑摩書房サービスセンター　電話〇四八-六五一-〇〇五三
© SETO Ken-ichi 2017 Printed in Japan
ISBN978-4-480-06950-4 C0280

ちくま新書

756 漢和辞典に訊け！ 円満字二郎
敬遠されがちな漢和辞典。でも骨組みを知れば千年以上にわたる日本人の漢字受容の歴史が浮かんでくる。辞典編集者が明かす、ウンチクで終わらせないための活用法。

764 日本人はなぜ「さようなら」と別れるのか 竹内整一
一般に、世界の別れ言葉は「神の身許によくあれかし」、「また会いましょう」、「お元気で」の三つだが、日本人にだけ「さようなら」がある。その精神史を探究する。

866 日本語の哲学へ 長谷川三千子
言葉は、哲学の中身を方向づける働きを持っている。和辻哲郎の問いを糸口にパルメニデス、デカルト、ハイデッガーなどを参照し、「日本語の哲学」の可能性をさぐる。

914 創造的福祉社会——「成長」後の社会構想と人間・地域・価値 広井良典
経済成長を追求する時代は終焉を迎えた。「平等と持続可能性と効率性」の関係はどう再定義されるべきか。日本再生の社会像を、理念と政策とを結びつけ構想する。

929 心づくしの日本語——和歌でよむ古代の思想 ツベタナ・クリステワ
過ぎ去った日本語は死んではいない。日本人の世界認識の根源には「歌を詠む」という営為がある。王朝文学の言葉を探り、心を重んじる日本語の叡知を甦らせる。

1087 日本人の身体 安田登
本来おおざっぱで曖昧であったがゆえに、他人や自然と共鳴できていた日本人の身体観を、古今東西の文献を検証しつつ振り返り、現代の窮屈な身体観から解き放つ。

1221 日本文法体系 藤井貞和
日本語を真に理解するには、現在の学校文法を書き換えなければならない。豊富な古文の実例をとりあげつつ、日本語の隠れた構造へと迫る、全く新しい理論の登場。